KB113701

말할 수
있는
비밀

〈 나도 옳을 수 있다는 용기! 〉

말할 수
있는
비밀

한준호 지음

특별한서재

우리 안에 잠들어 있는
'신의 선물'

싱가포르에서 잠시 대학원을 다니고 있을 때였다. 집이 창이Changi 국제공항에서 가깝기도 했고, 그곳 지하 식당에서 파는 음식들이 입에 잘 맞아 주말에 간혹 그곳을 찾곤 했었다. 한번은 한참 식사를 하고 있는데, 뒤편에서 이국적인 목소리의 아이가 우리말로 "엄마" 하고 부르는 것이 아닌가.

'분명 목소리는 외국 아이인데, 엄마라니.'

궁금증을 안고 뒤를 돌아보았다. 인도 아이였다. 당시에는 궁금증만 안고 있다가 나중에 인도 친구에게 물어보니, 정확히는 타밀어로 '엄마', '아빠'와 같은 단어들의 발음과 쓰임이 우리말과 같다고 예를 들어 설명했다. 특히 우리의 언어가 자신의 언어와 비슷하다고 설명하면서 "한국 사람들은 잘 모르니?"라고 도리어 묻는 것이 아닌가. 그때 문득 '우리의 언어들은 어떻게 만들어진 것일까?' 하는 궁금증이 일었던 기억이 있다.

현존하는 가장 오래된 문자 기록은 기원전 4000년경 수메르인들이 남긴 것으로, 지금으로부터 약 6000년 전에 만들어졌다고 가정해볼 수 있다. 말보다 글이 늦게 발전했을 테니 인류에게 언어의 기원은 비밀스럽기만 하다.

구약 성경을 들여다보면, 하나님은 이 세상 모든 들짐승과 새들을 만드신 후 첫 인간인 아담이 그들에게 이름을 붙이도록 하셨다. 이제 막 세상에 나온 아담은 그때도 이름을 부를 수 있는 언어를 가지고 있었던 것일까.

또, 북유럽 신화 속에서 에시르 신족으로 바람과 전쟁, 영감, 영혼 등을 주관하는 주신主神인 오딘은 서리 거인족의 두목 이미르와의 치열한 싸움 끝에 거인족을 죽이고, 그의 살로 땅을, 뼈로 산과 바위를, 발가락으로 돌과 옥을 만든 후 피로는 호수와 바다를, 두개골로는 하늘을 만든다. 이후 그의 형제들과 바다를 거닐다 물 위에 떠다니는 통나무를 건져 올려 남자인 아스크Askr, 물푸레나무와 여자인 엠브라Embra, 느릅나무를 만들고, 그들에게 오딘은 호흡과 생명을, 동생 빌리는 지혜와 힘을, 막내 베이는 언어와 지각력을 주었다. 두 이야기를 통해 '언어는 신의 선물이 아닐까?' 하는 결론을 조심스레 내려본다.

말할 수 있는 비밀

'스피치'라는 영역으로 들어가기에 앞서 낡은 신화 이야기를 꺼낸 것은 우리가 사용하는 언어는 자의에 의한 학습에 의해서라기보다 삶을 살아가기 위한 수단으로서 태생적으로 타고난 기능이라고 믿게 되었기 때문이다. 그리고 태생적으로 타고난 '신의 선물'을 보다 잘 활용하기 위해서는 우리 안에 깊이 잠들어 있는 '언어라는 재능'을 *끄집어내는* 과정이 필요하다.

이 책을 집필하며 단순히 기능적 메시지가 아닌 우리의 DNA인 언어를 매개로 자신감을 찾고, 자신을 드러내는 용기를 얻기 바라는 마음을 담았다.

2018년 가을

한준호

어떻게 하면 말을 잘할 수 있을까?

언어를 잘 전달하는 방법은

맛있는 요리를 준비하는 과정과 같다

스피치 레시피

스피치란 넓게는 연설이나 토론, 토의 등과 같이 말하기에 쓰이는 방법을 일컫는다. 그리고 그 목적은 말하는 사람이 자신의 의견이나 주장을 듣는 사람에게 가장 효과적으로 전달하는 데 있다고 할 수 있다. 다시 말해 스피치의 본질은 자신의 주장을 청중에게 잘 '전달'하는 것이다.

예능 프로그램 중 〈한끼줍쇼〉는 연예인들이 낯선 집을 찾아가 저녁 한 끼를 같이하며 일반 시민의 삶 속으로 들어간다는 내용인데, 이 프로그램은 우리가 스피치를 하는 데 필요한 기본적 요건을 잘 보여주고 있다. 바로 낯선 이들에게 잘 접근해야 한다는 것이다. 모르는 사람 집의 벨을 누른 뒤 자신을 설명해 왜 대문을 열어줘야 하는지 설득하고, 들어가 그 집에서 한 끼를 얻어먹으며 이야기를 나누는 과정은 대중 또는 청중에게 다가가는 절차와 무척이나 흡사하다.

이 책을 읽으며 스피치란 무엇인지에 대해 공감할 수 있기를 바란다. 본문을 시작하기에 앞서 연설, 발표, 토론, 프레젠테이션 등에서 활용할 기본적인 스피치 절차에 대해 요약하고, 본문에서 스피치의 본질에 대해 자세히 이야기해보려 한다.

1
풍부한 재료

글쓰기와 스피치는 각자가 가지고 있는 경험과 지식이라는 재료에서 비롯된다. 방법론은 단지 그 재료들이 목적에 맞게 맛을 내게 하는 레시피와 같아서 평소 지식과 경험의 축적을 게을리한 채 단지 기술적인 것에 치중해서는 글쓰기나 스피치의 능력을 높일 수 없다. 우리가 일상생활에서 할 수 있는 경험 가운데는 독서를 통한 간접 경험이 가장 쉽다. 다만 다양하게 독서를 하는 것도 중요하지만, 자신이 읽은 내용을 어떠한 주제에도 인용할 수 있었으면 한다. 또한 책 내용 중 인상적인 부분은 문장 자체를 외우려 하지 말고 간단히 이미지화하는 버릇을 들이는 것이 좋다.

2
스피치 식탁 준비

"오늘 뭐 먹고 싶니?"

가끔 후배들과의 점심 약속이 다가올 때는 선배로서 여간 신경 쓰이는 것이 아니다. 내가 좋아하는 것을 먹자니 후배들이 좋아할지 모르겠고, 그렇다고 물어보면 "저희는 아무거나 괜찮아요"라는 답변이 돌아온다. 내겐 그런 경험이 없지만, 연애 중 상대를 집에 초대해 요리를 선보일 때도 비슷하지 않을까 싶다. 이럴 땐 조금 귀찮아도 상대에게 몇 차례 물어서 메뉴의 범위를 좁힐 필요가 있다.

이런 과정은 여러분만의 '스피치 식탁'을 차리는 데도 꼭 필요하다. 스스로 주제를 정할 수 있는 경우라면 괜찮지만, 그렇지 않은 경우는 반드시 주제를 좁혀야 하며, 기왕이면 자신의 경험에 부합한 주제로 좁혀가야 내용을 설계할 때 어렵지 않다.

백종원, 이상민, 김대범, 이 세 사람은 방송에 나온다는 것을 제외하고 각자의 직업이 다르다. 한 사람은 요리 연구가이고, 또 한 사람은 가수이자 기획사 대표를 지냈던 연예인이며, 마지막 사람은 〈개그콘서트〉에서 대빡이로 유명했던 개그맨이다. 그런데 내게 있어 세 사람의 공통점은 창작 요리의 대가라는 점이다. 백종원 씨야 말할 나위 없고, 이상민 씨는 방송을 통해, 김대범 씨는 자신의 SNS

말할 수 있는 비밀

를 통해 자신에게 주어진 재료 안에서 어떤 주제의 요리도 뚝딱뚝딱 만들어낸다. 스피치에 있어서도 마찬가지다. 각자의 경험과 지식의 조합은 아무리 동일한 주제를 던져줘도 다양한 맛으로 요리될 수 있다. 그래서 자신만의 경험과 지식 안에서 차별화되는 아이디어가 필요하며, 아이디어의 중요성은 스피치의 절반을 차지한다고 해도 과언이 아니다. 여기서 아이디어는 하나의 단어일 수도, 누군가가 쓴 시일 수도 있다. 또는 한 편의 영화일 수도 있다. 너무 제한을 두지 말고 자신만의 창작 요리를 준비하면 좋겠다.

자, 요리의 주제를 정하고 어떻게 요리할지 아이디어가 떠올랐는가. 그럼 이제 필요한 재료들(이미지, 글, 자료 등)을 나열만 하면 자신만의 '스피치 요리'를 할 준비가 되었다고 할 수 있다.

3
스피치 요리

스피치를 굳이 요리에 비유하는 것은 전달하고자 하는 바가 같다고 생각해서다. 바로 '마음'이다. 전달하고자 하는 마음이 없다면, 지금 하려고 하는 스피치에 대해 다시 한번 생각해볼 필요가 있다. 만약 마음의 준비가 되었다면 위에서 준비한 재료들로 원하는 요리를 하면 된다.

잘 차린 요리는 그 순서에 따라 나오는데, 스피치도 그렇다. 전채 요리는 주메뉴가 나오기 전 식욕을 돋우기 위해 대접하는 요리다. 이를 프랑스에서는 '오르되브르hors-d'oeuvre'라고 부르고, 영어권에서는 '애피타이저appetizer'라 부르며, 러시아에서는 '자쿠스카zakuska'라고 한다. 중국에도 전채 요리와 한자가 같은 '첸차이前菜'라는 이름으로 존재한다. 스피치에서 전채 요리를 우리는 '재현'이라 부르기로 하자. 이 '재현'은 자신의 경험과 본론인 주메뉴로 들어가기 위해 주위를 환기하는 이야기로 구성한다. 그리고 전채 요리를 선보인 후 본격적인 이야기로 들어가는 주메뉴는 '상징'이라 부르기로 한다. 다만 너무 많은 요리들이 주메뉴에 포함되면 어떤 요리를 해주고 싶었는지 알 수 없기 때문에 '상징'은 세 가지 정도의 주요 내용으로 압축하는 것이 좋다.

코스 요리가 잘 발달한 프랑스에서는 '식사를 마치다' 또는 '식탁을 치우다'라는 의미의 '앙트르메entremets'를 우리의 '후식'의 의미로 사용한다. 흔히 아는 영어의 '디저트dessert'다. 스피치의 '디저트'를 우리는 '반복'이라는 용어로 사용하겠다. '반복'은 본론에서 이야기한 내용을 상기시키며 사람들이 자신의 연설에서 얻어 갈 내용을 함축적으로 보여주는 것이다. 이러한 스피치의 구성은 같은 재료를 사용했을 때 다른 사람들에 비해 더욱 탄탄함이 느껴지도록 만든다.

말할 수 있는 비밀

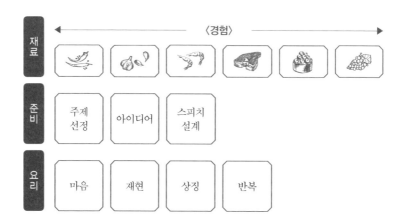

1 재료 준비

스피치는
경험과 지식이라는
재료에서 비롯된다

늙은 말과 개미의 지혜

경험의 중요성

"아나운서에게는 대본도 중요하지만, 자신의 경험에 빗대어 대사를 풀어가는 창의성이 있어야 한다고 생각하는데, 각자 어떻게 창의성을 계발하는지 말씀해보세요."

MBC 공채 최종 면접에서 내가 마지막으로 받은 질문이자, 내 인생을 바꾸었던 질문이다. '창의성', 과연 무엇이 창의성일까? 요즘 이야기하는 '창의적 사고'와 '창의적 인간'이란 과연 그 실체가 무엇일까?

대중을 향한 언어 영역에서 아이디어는 무척 중요한 분야다. 연설이나 발표로 대변되는 스피치를 어떻게 풀어갈지에 대한 방향과 활용 가능한 아이디어가 떠오르면, 가장 설득력 있는 구성을 갖추

재료 준비

면 되기 때문이다.

방향 설정 → 아이디어 → 목차 구성

책을 쓸 때도 마찬가지다. 나의 경우, 어떤 주제의 책을 어떻게 풀어갈지에 대한 아이디어를 얻게 되면, 이를 목차로 구성했을 때 심리적으로 책의 절반을 끝낸 느낌이 들곤 한다. 이런 점에서 내 인생을 바꾸었던 질문인 '창의성'이 스피치에도 중요하게 작용한다고 생각한다. 여기에 대해 고인이 된 스티브 잡스Steve Jobs는 "어떤 무엇인가와 다른 무엇인가를 연결하는 것이 창의성이며, 경험과 경험을 연결해 새로운 것을 만들어내는 사람이 창조인"이라고 말했다. 스피치에 대해 말하며, '어떻게 발성을 할지', '어떻게 발음을 고칠지'보다 창의성을 앞서 강조하는 이유는 이 책에서 설명할 융합적 사고와 비주얼 싱킹visual thinking을 통해 스피치의 본질이 '전달'에 있으며, 좋은 발음과 목소리 등만으로는 전달력을 높일 수 없음을 이야기하기 위해서다. 다시 말해 스피치의 본질에 도달하기 위해서는 콘셉트와 아이디어, 즉 창의성이 더 중요하다.

우리는 흔히 지식수준이 높은 사람들이 더 좋은 아이디어를 낼 것이라고 이야기하지만, 캘리포니아 공과대는 '우리가 알고 있는 지능은 뇌의 특정한 부위에만 존재하는 것이 아니며(즉 뇌의 모든 영역에 걸쳐 존재하며), 일반적 지능에 있어서 가장 중요한 것은 뇌 속의

말할 수 있는 비밀

여러 영역과 이들 사이를 연결해 다양한 처리 작용을 하나로 통합하는 능력'이라는 연구 결과를 내놓기도 했다. 또한 이러한 연결이 창조성을 높이며, 연결을 위해 필요한 것은 단순한 지식이 아닌 '경험'이라고 이야기했다.

다음 그림은 소셜 미디어 트위터에서 6만 명 이상의 팔로워를 가지고 있는 'Buffer' 블로그에 공유되자마자 천 회 이상 리트윗된 이미지다.

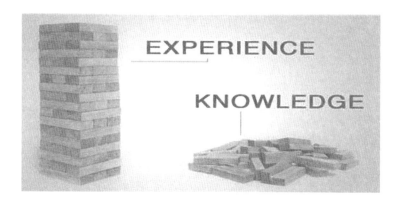

캘리포니아 공과대의 연구 결과와 같은 관점에서 볼 때 블로그에 공유된 이미지는 지식을 쌓는 것보다 뇌 속의 '경험'이라는 점과 점을 연결하는 능력이 창의적 사고를 위해 더 중요하다는 것을 의미한다.

스피치를 설명하며 왜 경험이 중요하다고 강조할까?
발음과 발성이 더 중요하지 않을까?

"한준호 차장은 화이트보드 하나만 있으면 천하무적이에요."

2014년, 한중 FTA 협상 중 미디어 분야 실무 협상안을 준비하던 내가 화이트보드에 각 안들을 도식으로 그리며 설명하던 순간이었다. 같이 회의를 하던 타사의 선배가 웃으며 말을 건넸다. 그러자 "한 차장이 워낙 해본 게 많아서 아이디어도 많고 상황을 쉽게 정리하는 것 같다"라고 옆의 선배가 거들며 말했다. 미디어 분야의 협상이라면 당연히 사업부나 기획부에 있는 사람들의 십수 년간 현장에서 쌓은 지식이 나보다 낫겠지만, 당시 내가 협상안을 이끌어가는 데 앞장섰던 이유는 그분들의 말대로, 다른 사람들에 비해 많은 경험에 기반을 두고 있었기 때문이라고 생각한다. 내 안에 존재하는 믿음은 지식을 결코 무시하는 것은 아니지만, '경험만 한 지식은 존재하지 않는다'는 것이다.

고사성어 중 아무리 하찮은 것이라도 그마다 장점이 있다는 의미에서 '노마지지老馬之智'라는 말이 있다. 이는 중국 춘추시대 제齊나라 환공桓公 때 재상을 지냈던 관중管仲, 습붕隰朋이 환공과 함께 고죽국孤竹國을 정벌하러 나설 때 생긴 일화에서 유래된 말이다. 당시 전쟁이 예상보다 길어지며 그해 겨울의 끝자락까지 가게 되었고,

말할 수 있는 비밀

병마가 모두 피로에 싸여 있었다. 전쟁을 마치고 돌아오던 대군은 피로한 데다 길까지 잃고 우왕좌왕하게 되었다. 그때 관중이 나서 "늙은 말의 지혜가 필요하겠군요"라며 오랜 세월을 같이한 늙은 말 한 필을 풀어놓고 전군이 따르게 하니, 곧 늙은 말이 큰길로 안내를 하게 되었다 한다. 또 한번은 산길을 행군하던 도중 군사들이 목이 말라 할 때 습붕이 나서 "개미란 여름에는 북쪽에 집을 짓고, 겨울에는 남쪽 양지바른 곳에 집을 짓는데, 그중 한 치 정도 높이의 개미집 아래를 일곱 자 정도 파 들어가면 물이 있을 것입니다" 하여 병사들이 그리해보니, 정말 그 아래서 샘물이 발견되었다 한다. 이를 두고 한비자韓非子는 그의 저서에 "관중의 총명과 습붕의 지혜로도 모르는 것은 늙은 말과 개미를 스승 삼아 배웠다. 그러나 그것을 수치로 여기지 않았다. 그런데 오늘날 사람들은 자신이 어리석음에도 성현의 지혜를 스승 삼아 배우려 하지 않는다"라고 기록하고 있다. 요즘 '노마지지'의 의미는 경험을 쌓은 사람이 갖춘 지혜로도 일컬어지고 있다.

우리에게는 삶의 궤적에서 오는 직접 경험과 영상, 책, 수업 등으로 얻는 간접 경험이 주어진다. 그중 간접 경험은 대부분 지식으로 쌓이고, 직접 경험과 함께 우리가 사고하는 데 필요한 정보를 제공한다. 무엇보다 중요한 것은 반복하지 못하는 지식은 그 자리에 있지 못하지만, 오감으로 체감한 경험은 실수와 성공을 통해 오래 남아 있다는 사실이다.

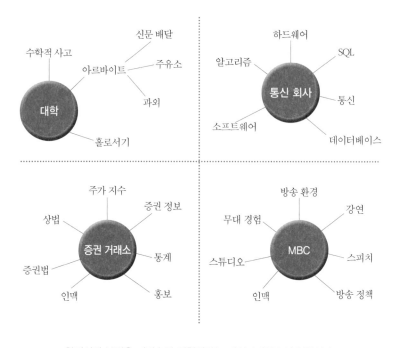

창의성의 본질은 머릿속의 경험이라는 데이터베이스의 연결이다.

사춘기를 지나 대학과 사회에서 겪었던 나의 경험들을 가볍게 도식화해보면, 위와 같은 그림이 나온다. 이러한 경험과 그 과정에서 쌓인 지식들은 어떠한 문제가 도래했을 때 해결책을 내놓는 아이디어로 작용하기도 하고, 연설이나 강연 등에서 다양한 이야기로 활용되기도 한다.

대중을 향해 말할 때 중요한 것은 '잘 전달하겠다는 마음가짐'임

　　　　　　　　　　　　　　　말할 수 있는 비밀

을 책에서 반복적으로 강조하겠지만, 전달하려는 내용과 관련해서 시각적 사고에 기반을 둔 비주얼 싱킹 또한 매우 중요하다.

우리는 각자가 겪은 실패와 작은 성공 같은 좋은 경험들을 어떠한 형태로든 이미지화한다. 이들은 기억이라고 할 수도 있지만, 한편으로는 이미지다. 그리고 이런 이미지들을 통한 융합적 사고가 결국 좋은 아이디어로 연결된다. 따라서 좋은 스피치를 위해서는 발성 연습이나 기술적인 요령 이전에 평소 우리가 겪는 사소한 경험마저 이미지화하려는 노력과 습관이 필요하다.

명연설이나 스피치의 달인에 관한 글과 책을 찾아본 적이 있다. 이 책들에서는 명사들의 연설이나 프레젠테이션을 분석하고 독자들에게 명사들이 사용한 방식이 정답일 수 있다는 해답을 내놓는다. 그런데 생각해보면 분석이란 이미 일어난 일에 대한 해석이라서 후속적이라 할 수 있다. 명연설자들은 그 책에서 분석을 내놓은 이후에도 끊임없이 새롭게 발전하고 있기 때문에 훈련의 방법으로서는 활용이 가능하나 결코 정답은 될 수 없다고 생각한다. 부디 이 글을 읽는 여러분은 최소한 명연설이나 좋은 스피치를 위한 공식 같은 것이 존재하리라는 믿음을 버리길 바란다. 그 대신 이 책을 읽으며 탄탄한 기본기와 경험을 토대로 자신만의 스피치를 만들어가길 바란다.

∕ 좋은 스피치는 발성 연습이나 기술적인 요령이 아니라 평
   소 우리가 겪는 사소한 경험마저 이미지화하려는 작은 노
   력에서 시작된다.

에스토니아를 아시나요?

융합적 사고

"혹시 코딩coding이 공교육으로 잘 자리 잡힌 나라가 어디인지 아세요?"

　개인적으로 자문을 맡고 있는 '코딩 프로그램' 회사와 그 회사의 비즈니스 모델에 대해 논의하던 중 평소 눈여겨보고 있던 '에스토니아Estonia'에 대해 이야기를 꺼내게 되었다.

　"바로 에스토니아입니다. 영상 통화를 할 수 있는 앱app으로 유명한 스카이프Skype 역시 에스토니아에서 만들었어요."

　이제 막 회사를 설립하고 코딩 교육을 시작하려던 사람들과 나는 그렇게 에스토니아의 수도 탈린을 찾아 이야기로만 듣던 조기 코딩 교육에 대해 직접 보고 들을 수 있는 기회를 얻게 되었다.

　에스토니아는 1991년 소비에트 연방 공화국이 해체되면서 독립한 나라로, 라트비아Latvia, 리투아니아Lithuania와 함께 발트 3국으로 불리는 인구 120만여 명의 작은 나라다. 그렇다 보니 인접한 핀란드와 더불어 이 나라의 젊은 사람들은 먹거리를 게임 개발이나 앱 개발과 같은 ICTInformation and Communication Technology 분야에서 찾게 되었고, 어린 나이부터 코딩에 관심을 두게 된 것이다. 이곳에서 만났던 한 공립학교의 초등학생은 "왜 코딩을 공부해요?"라는 질문에 "아빠처럼 컴퓨터 프로그래머가 되고 싶어서요"라며 아직 어린 나이에도 당연하다는 듯 질문에 대답했는데, 에스토니아 탈린에 위치한 공립학교들에서 이런 학생을 쉽게 만나볼 수 있었다.

또한 에스토니아는 인구수가 적기 때문에 세계 어느 곳에 살든 일정한 자격 요건만 갖추면 전자시민권e-Residency을 발행해주는 세계에서 유일한 제도를 보장하고 있다. 이 전자시민권만 있으면 실거주지가 어디든 인터넷망을 통해 에스토니아에 은행 계좌를 개설할 수 있고, 회사 설립도 가능하다. 그래서 최근에는 전자시민권을 이용해 에스토니아에 둥지를 트는 스타트업start-up 기업들도 제법 생겨나고 있다.

그런데 이들이 집중하고 있는 '코딩'의 정체가 무엇일까? 코딩의 사전적 의미는 알고리즘algorithm을 컴퓨터가 인식할 수 있는 언어로 입력해주는 것이다. 마블을 원작으로 하는 할리우드 영화 〈아이언맨〉 1편에서 동굴 속에 갇혀 있던 토니 스타크가 '마크 1'이라는 슈트를 입으며, 같이 갇혀 있던 동료 잉센에게 컴퓨터에 명령어를 입력하도록 하는 장면이 있다. 바로 이 장면이 미리 슈트를 움직이게 하는 프로그램을 코딩해놓고 슈트와 프로그램을 연결하는 작업이었다. 즉 코딩은 일정한 조건에 따라 움직이는 알고리즘을 뜻한다. 이러한 이유로 작은 나라 에스토니아에서는 어린 나이부터 알고리즘, 즉 논리적 사고를 익힐 수 있도록 코딩 교육에 더욱 집중하고 있다.

이미지화가 스피치에 도움이 될까?

스피치를 이야기하다 코딩을 거론한 이유는 2014년부터 조금씩 교육 속에 파고들고 있는 시각적 사고에 기반을 둔 '비주얼 싱킹'에 대해 설명하기 위해서다. 이미지화는 어쩌면 향후 자신만의 연설, 발표, 강연에 있어 대단히 중요한 부분이 될 수 있다. 생각해보면 우리가 가장 잘 전달할 수 있는 것은 생생하게 경험한 이야기이고, 경험은 육감을 통해 전달되는 것들의 이미지 집합체라 부를 수 있기 때문이다.

바우하우스Bauhaus 교수이자 미국의 뉴 바우하우스New Bauhaus 창립 구성원이기도 한 나즐로 모홀리 나기Laszlo Moholy Nagy는 "미래의 문맹자는 글자를 모르는 사람이 아니라 이미지를 모르는 사람이 될 것이다"라는 말을 남겼다. 시각화라는 큰 주제 안에서 많은 실험적 작품 활동을 했던 그가 남긴 이 말은 세상의 모든 이야기는 인간 뇌가 기억하기 가장 쉬운 이미지로 바뀔 수 있으며, 이 이미지는 다시 자신의 언어로 전달되면서 새로운 창작의 영역이 열릴 수 있음을 시사하고 있는지도 모르겠다.

『대통령의 글쓰기』로 유명한 노무현 전 대통령의 연설 비서관 출신 강원국 작가는 신간 『강원국의 글쓰기』라는 책에서 창의성을 글쓰는 사람들의 핵심 역량으로 꼽으며, 그 첫 번째 방법으로 '융합'을 제시했다. 특히 '융합'을 설명하며 가져온 개념은 헝가리 철학자 아서 쾨슬러Arthur Koestler가 그의 저서 『창조의 예술』에서 명명한 '이연현상Bisociation'이라는 것인데, 이는 서로 직접 관련이 없는 두 가지 사실이나 아이디어를 하나의 아이디어로 통합하는 과정을 일컫는다.

대학교 4학년 재학 시절 처음 들어갔던 직장은 나의 희망과 다르게 통신 회사였다. 그곳에서 내가 처음 배운 것은 오라클 사의 SQL이라고 하는 데이터베이스를 다루는 프로그램이었는데, 이 SQL이라는 프로그램은 여러 데이터베이스에 저장된 데이터를 가져와 새로운 결과를 만들어낸다. 즉 앞서 이야기한 '이연현상'이자 '융합'의 방법이라 할 수 있다.

SQL은 데이터를 가져오는 'select /from' 절과 융합의 조건이 되
는 'where /and' 절로 이루어져 있다. 예를 들어 한준호의 머릿속에
들어 있는 경험 중 MBC에서 익힌 '스피치 경험'과 통신 회사에서
익힌 '코딩', 그리고 증권 거래소에서 익힌 '경제에 대한 정보'를 융
합해 '경제 정보를 가지고 논리적으로 말하기'라는 융합된 정보를
생산하려고 한다면, 위 그림과 같이 만들어볼 수 있을 것이다.

이러한 융합적 사고는 결국 비주얼 싱킹을 위한 기초 작업이라
할 수 있다. 융합적 사고를 통해 이미지화하려는 정보들을 단순화
시키고, 이를 한 장의 그림으로 기억하는 것이다. 바로 이 이미지들
이 스피치의 좋은 소재가 되며, 수집된 이미지를 '구상한 흐름(레토
릭)'에 따라 나열하는 것으로 스피치의 기본 틀을 구성할 수 있다.

스피치 준비하기

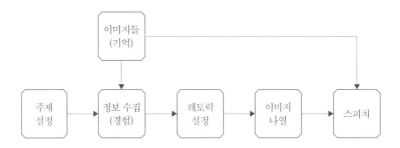

　연설이나 발표를 준비하기 위해서는 위 도식과 같은 단계를 거치는데, 첫 번째는 주제 설정이다. 주제 설정에서 주의할 것은 제시되는 주제에 이끌려 다니지 않게 주제의 범위를 최대한 조율해 명확한 형태로 좁혀야 한다는 것이다. 스피치는 글쓰기와 달라서 주제가 포괄적이면 대중이나 청중을 설득하기 어려워진다. 또한 제한된 시간 내 정확한 전달을 이루기 어렵다. 이러한 이유로 무작정 발표나 연설 준비에 들어가기보다 연설의 주제를 명확하게 만드는 과정이 선행되어야 한다.

　두 번째는 정보 수집이다. 주제가 명확해지면, 자신의 경험을 토대로 객관적인 데이터 및 이해를 도울 수 있는 정보를 수집한다. 이때 수집하는 정보는 세 가지 정도의 핵심 단어(메시지)를 중심으로 정리하는 것이 좋다.

　세 번째는 자신만의 레토릭rhetoric을 설정하는 것이다. 레토릭은 아리스토텔레스 때부터 발전하기 시작한 일종의 연술론演述論으로,

말할 수 있는 비밀

전에는 단순한 수사 어구로 인식되었지만, '좋은 전달을 위한 자기만의 말하기 방식'이 이 글에서 사용하는 레토릭의 정의라 할 수 있겠다. 방법적으로는 대중에게 다가가기(재현), 메시지 전달하기(상징), 메시지 확인하기(반복)와 같이 공감을 이끌어내기 위한 말하기 순서로 구성된다. 준비된 이미지를 레토릭에 맞춰 큐 카드나 프레젠테이션 자료에 나열하면 여러분만의 멋진 연설이 준비될 것이다.

∴ 우리는 경험을 이미지화할 수 있으며, 경험된 이미지는 스피치의 좋은 소재가 된다. 그리고 이 기억된 이미지를 나열해 스피치의 틀을 만들 수 있다.

시각적 사고란 어떻게 하는 걸까?

평소 데이터를 수집하는 방법으로, 떠오르는 내용을 자주 메모한다. 그중에서도 도식화를 통해 작성한 메모는 상황을 하나하나 설명하지 않아도 그 내용을 한 페이지의 그림으로 표현할 수 있도록 해준다. 개인적으로는 표현 기법으로 수학에서의 순서도를 응용하고 있다.

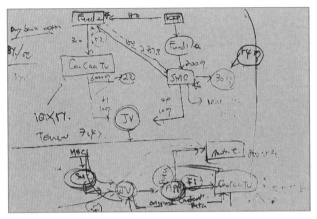

비주얼 싱킹의 사례, 도식화

위의 메모는 중국의 인터넷 플랫폼 회사와 MBC 자회사 간 상호 교차 투자를 통한 지분 교환과 합자 회사 설립에 대한 논의 내용을 회의 중 도식으로 정리한 것이다. 이 같은 정리 방법들도 일종의 비주얼 싱킹으로, 표현 방법이 익숙해지면 몇 장에 걸친 보고서보다 이해와 숙지가 빨라진다.

물론 이러한 도식화는 대학을 졸업하고 통신 회사에서 프로그래머로 일하며 알고리즘을 설계해봤던 경험을 바탕으로 하고 있지만, 방법이 어렵지 않아 표현 방식으로 권해보고 싶다. 더불어 알고리즘의 순서도보다는 개인적인 방법으로, 실선과 점선 위주의 활용 방법을 제시하려 한다. 정의 내리자면, 실선 화살표(→)는 영향을 주는 것으로, 점선 화살표(⋯)는 영향을 받는 것으로 표시한다. 그리고 좌우 화살표(↔)는 서로 영향을 주고받는 것을 의미한다.

말할 수 있는 비밀

예를 들어 "경험들은 개인의 머릿속 '데이터베이스'를 채워주고, '새로운 문제나 질문'에 대답해야 할 경우 융복합적 사고를 통해 이를 해결한다"라는 문장을 도식화해보면 다음과 같다.

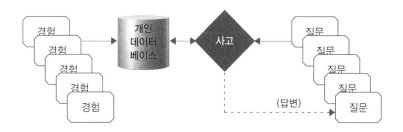

∴ 경험을 이미지화하기 위한 자신만의 도식화 또는 이미지화 방법을 연습해보자.

스피치 액셀러레이터

연설의 스토리텔링

가끔 나는 '내 주위 사람들과 일종의 인연의 끈으로 연결되어 있는 것이 아닐까?'라는 생각을 하곤 한다. 눈에는 보이지 않는 '인연의 끈'이 복잡한 인간 사회 속에 제법 질서 정연하게 뒤엉켜 있어 그 실타래를 풀며 서로 조금씩 잡아당기다 보면, 어느 순간 내 앞에 예기치 못한 상대가 다가오는 신기한 경험, 나는 가끔 그러한 순간들을 맞이한다.

남들이 잘 가지 않는 길, 그것도 가장 고되다는 하드웨어 기반의 스타트업 기업을 발굴하고 키우는 스타트업 액셀러레이터start-up accelerator인 'N15'라는 회사를 창업한 류선종 대표와의 이야기다. 류 대표가 고등학교 2학년이던 시기, 군대를 갓 제대한 나는 그와 과외 교사와 학생으로 처음 만났다. 류 대표는 지금이야 대중 앞

말할 수 있는 비밀

에서 연설도 잘하고, 사업가로서 협상도 능숙하지만, 당시에는 비쩍 마르고 말수가 적은 조금 소심한 학생이었다. 공식적이진 않지만 스승과 제자로 만나 이제는 같이 나이 들어가며 세상 이야기를 하는 형 동생 사이가 되기까지, 지난 추억을 기억하고 찾아와준 그를 보면, 또 하나의 인연의 끈이 아닌가 하는 생각을 하곤 한다. 그리고 그의 끈과 나의 끈은 또 다른 인연의 끈을 함께 당기는 것은 아닌지.

얼마 전 그와 함께 내 고향인 전주에 위치한 한 기업을 찾아 강연을 듣게 되었다.

"여러분은 다음에 나오는 세 나라의 철자 중 앞의 대문자를 소문자로 바꾸었을 때 의미가 어떻게 바뀌는지 아시겠습니까?"

강연자로 나선 정책 연구원이 제시한 단어는 'China vs china, Japan vs japan, Korea vs korea'였다.

"여기 나온 단어를 보면 앞 글자가 대문자인 China는 중국을, 소문자인 china는 본차이나를 의미합니다. 또한 Japan은 일본을, japan은 나전칠기를 의미합니다. 그런데 대문자인 Korea는 대한민국을 의미하지만, 소문자인 korea는 그냥 한국입니다."

물론 이 말은 소재 부품 분야에 있어 한국의 상황을 설명하며 나온 것이었지만, 나는 서울로 올라오는 KTX 안에서 개인의 언어 사용에 있어서도 자신만의 개성을 나타내는 것이 중요하다는 생각을 다시 해보게 되었다. 특히 대중 연설이나 발표에 있어서 이것을 레토릭이라 할 수 있는데, 스피치의 본질인 '전달'이라는 측면에서 자신만의 레토릭을 구사할 수 있게 하는 것을 어쩌면 이 이야기의 최종 종착점으로 삼아도 될지 모르겠다. 류선종 대표를 비롯해 스타트업 창업자 및 벤처 캐피털Venture Capital 심사역들과 오랜 만남을 유지하며, 창업자들이 투자를 받기 위해 진행하는 회사 소개 프레젠테이션인 IR Investor Relation 시 어떤 부분들이 보충되어야 하는지 자문을 해왔다. 이때 느낀 점들을 레토릭이라는 주제로 소개할까 한다.

어떻게 하면 효과적으로 발표할 수 있을까?

을지로3가 명동성당 바로 맞은편 대신증권 건물에는 미국계 공유 사무 공간인 위워크 을지로가 있다. 스타트업 기업들이 주로 입주해 있는 이 건물은 커피를 비롯한 음료와 회의실 등 회사가 사용하는 부대시설 및 편의를 제공하고 공유하며, 어려운 스타트업 기업들 간 시너지를 낼 수 있도록 한 곳이다. 국내에는 삼성동과 을지로에 큰 규모로 입점해 창업자들 사이에서 큰 반향을 일으켰고, 계속 국내 지점을 넓혀가고 있다. 한번은 이곳에서 IR과 관련한 자문 요청이 들어와 다섯 개의 기업을 만나 컨설팅을 진행했는데, 연이어 세 시간 조금 넘게 진행된 미팅에서 나 역시 많은 공부를 했던 기억이 난다. 그중 첫 번째 기업의 대표는 온라인 유통에서 다년간 경험이 있었고, 대학 창업지원센터를 통해 창업한 사람이었다.

"혹시 짐gym에서 운동해본 적이 있으신가요?"

회사 소개를 시작하는 그의 첫 질문이었다.

"네, 물론이죠. 한때는 푹 빠져 살았습니다."

그가 다음으로 보여준 그림은 물에 100퍼센트 용해되는 단백질 제품이었다.

"저희는 미국에 있는 회사로부터 맛도 좋고 100퍼센트 용해되는 단백질제 원료를 수입하여, 한국에서 2차 가공을 통해 소비자들이 좀 더 편하게 먹을 수 있도록 제공할 것입니다."

그의 이야기만 듣고 있자니 기존에 판매되고 있는 단백질제와의 차별성이 많이 보이지 않았다. 설명을 80퍼센트쯤 들었을 때 내 질문은 주로 어떻게 차별성을 줄 것인지에 집중되어 있었다. 그러자 그는 자신이 가진 가장 큰 장점이자 회사의 가장 큰 자산은 온라인 유통을 통해 A라는 제품을 히트시켜 보았다는 것이었다. 그 순간 나는 내 앞에 있는 젊은 대표이사가 한꺼번에 너무 많은 것을 보여주려 한다는 점을 이야기하지 않을 수 없었다.

"대표님! 현재 회사는 온라인 유통에 강점을 가진 회사이고, 그 주력 제품이자 첫 제품으로 ○○ 단백질제를 출시하시겠다는 것이죠?"

"네!"

"그럼 두 번째 질문입니다. 투자금을 받으면 어디에 쓰시려는 것인가요? 정확하게 유통 회사로서의 역량 강화에 쓰시는 것입니까? 제품 생산비에 쓰시는 것입니까?"

이미 제조 회사에 대한 컨설팅 경험이 있었기에 단순히 제품 생산비에 소요되는 자금을 투자받기 어렵다는 것을 잘 알고 있어서 젊은 대표에게서 유통 회사로서의 역량에 투자금을 활용하겠다는 대답이 나오기를 내심 기대했다.

"실은 그 부분에 대한 자문도 구하고 싶어서 왔습니다."

그 말을 듣는 순간 의욕은 있지만 아직 회사 전반에 대한 스토리텔링이 잘되어 있지 않다는 점을 깨닫고, 짧은 시간이지만 IR 자료를 대폭 수정하기 시작했다.

"자~ 대표님, 이제 대략 정리가 되었는데요, 회사를 설명할 수 있는 짧은 타이틀을 하나 달아보면 좋겠습니다. 가령 우리 회사는 비디오 커머스video commerce(비디오video와 상거래인commerce의 합성어로, 비디오 콘텐츠를 활용한 전자 상거래 유형)를 활용한 유통 전문 회사와 같은 직관적인 내용도 좋습니다. 투자자들이 들었을 때 '아~! 이 회사는 이런 회사구나' 하는 생각을 심어준 뒤, 유통을 기반으로 하고 있지만 자체 브랜드를 생산하는 것이 다른 회사와의 차별성임을 강조하며 제품을 설명한다면, 투자자들은 자신들의 투자금이 어디에 어떻게 쓰일지 알 수 있을 것입니다. 아울러 IR에서는 너무 많

말할 수 있는 비밀

은 이야기를 하려 하지 마시고, 한 쪽에 이야기 하나씩을 담으시는 것이 좋습니다."

이날 만난 기업 중 가장 인상에 남았던 기업은 앞선 상담이 길어지면서 가장 짧게 만났던 마지막 기업이었는데, 사용할 수 있는 시간이 별로 없다는 관계자들의 말에 자신이 가장 필요로 하는 질문으로 바로 들어갔다.

"저희는 엔젤투자angel investment(개인들이 돈을 모아 창업하는 벤처 기업에 필요한 자금을 대고 주식으로 그 대가를 받는 투자 형태)를 마쳤고, 시리즈A 투자(일반적으로 엔젤투자 다음 단계. 프로토타입 단계에서 진행되는 투자를 엔젤투자라 하고, 베타버전 단계, 즉 시제품 생산 중간 단계에서 투자되는 것을 시리즈A 투자라 함)를 진행하려 합니다. 그래서 좀 큰 규모의 IR을 진행하려 하는데, 저는 사람들 앞에만 서면 떨리고, 설명을 하려고 하면 두서가 없어 힘이 듭니다. 무슨 방법이 없을까요?"

이 기업은 모바일을 통해 의사와 헬스케어 기업이나 제약 회사를 연결하는 회사로, 앱의 주요 사용자는 의사들이었다. 이런 사업을 플랫폼 사업이라고 하는데, 플랫폼을 중심으로 한쪽에는 의사 집단이, 다른 한쪽에는 제약 회사와 헬스케어 회사들이 존재하고, 이 회사는 앱을 개발 및 운영하며 플랫폼을 확장해 회사를 키워가는 비즈니스 모델을 가지고 있었다.

이처럼 플랫폼 사업을 목적으로 하는 회사의 IR은 무척 단순하다. 플랫폼을 중심으로 사용자들이 어떤 필요를 지니고 있는지 판단하고, 그 시장성만 입증하면 되기 때문이다. 그래서 짧은 시간 우리는 회사의 스토리텔링에 집중했다. 그 스토리텔링의 중심에는 '왜?'라는 질문이 있었고, '왜 이 사업을 구상하게 되었는지'에서 모든 이야기를 시작했다.

나는 당시 다섯 업체를 만나며 공통적으로 '자신들이 작지만 얼마나 가치 있는 회사인지'를 설명하기 위해 너무 많은 이야기들을 담고 있으며, 또한 지나치게 본론부터 이야기하기 시작해 정작 이 회사가 어떤 회사인지를 알지도 못한 채 투자자들이 마지막 장을 보며 유추하거나 그래도 의문이 풀리지 않으면 질문을 할 수밖에 없게 하는 IR 자료를 만들고 있다는 것을 느꼈다. 그리고 스타트업 대표들을 만나 조언해주었던 것은 '꼭 보여주고 싶은 것이 무엇인지'를 간단명료하게 정리하는 방법과 이를 일반인도 알아들을 수 있는 언어로 쉽게, 때론 사례를 들어 설명하도록 유도하는 스토리텔링이었다. 다행히도 모두 본인들이 안고 왔던 궁금증과 어려움을

말할 수 있는 비밀

풀고 갔다고 하니 한편으로 감사하게 느껴진 하루였다.

금융권 경험과 개인적 관심으로 많은 스타트업 기업들을 만나면서, 한 번은 프레젠테이션이나 대중 연설과 같이 많은 사람들 앞에 서야 하는 상황에 대해 간단하게 정리를 해봐야겠다는 생각을 했었는데, 가장 대중성 있는 오바마식 레토릭으로 정리해보려 한다.

오바마식 레토릭은 세 단계로 첫 번째는 재현, 두 번째는 상징, 세 번째는 반복으로 나눌 수 있다.

앞서도 강조했듯 스피치의 근본적인 목적은 '전달'에 있다. 언어에서의 '전달'은 영어 단어로 'deliver'라고 할 수 있다. 반면 글쓰기의 전달은 'send'로 정의할 수 있는데, 이 둘의 차이는 '피드백 feedback'이다. 즉 상대에게 잘 전달되었는지 확인하며 이야기해야 한다는 것이다. 그리고 이때 상대에게 가장 잘 전달할 수 있는 전달 방식으로서 '레토릭'을 사용할 수 있다. 어느 책에는 초면에 애드리브를 하지 말라는 말이 적혀 있던데, 스피치 강연을 다니며 나 스스로 많이 사용했던 말이다. 그리고 이 말은 내가 신입 아나운서이던 시절 한 선배로부터 배운 것으로, 그 말이 지닌 진정한 의미는 '처음부터 애드리브를 하지 말라는 것'이 아니라 연설에 있어서 내가 누구인지 상대가 알 수 있도록 해줘야 다음에 이야기하는 본론에 청중이 공감할 수 있다는 의미였다. 즉 본론부터 들어가지 말라는 의미다. 그런 면에서 '재현'은 연설의 구성에서 맨 앞에 나와줘야 한다. 자신을 청중에 맞추고, 자신의 경험을 통해 공감을 이끌어내는 것이 바로 '재현'이다. 그다음에는 자신이 강조하고 싶은 것을 세 가지 미만으로 줄여야 한다. 청중은 긴 시간의 연설 또는 프레젠테이션을 다 기억하지 못한다. 따라서 청중의 뇌리에 남기고 싶은 내용을 두세 가지로 압축해야 한다. 이것이 바로 '상징'이다. 마지막으로, 강조하고 싶은 것들을 본문에서 '반복'해야 한다.

2008년 오바마 전 대통령이 처음으로 승리를 확정 지었을 때 시카고에서 했던 연설의 일부다. 그는 '공감이 가는 사례'를 통한 '재현'이라는 방식으로 자신이 선거에서 이긴 의미를 전하고 있다. 또한 최초의 흑인 대통령으로서, 다양성이라는 특성을 지닌 미국에서 '우리는 할 수 있다Yes, we can'는 메시지를 공유하고 싶었던 것이다. 그래서 오바마는 자신과 같은 처지의 할머니를 사례로 들어 이제는 우리도 할 수 있다는 'Yes, we can'을 상징으로 사용했다. 이를 본문에서 반복적으로 사용해 대중에게 강한 메시지를 전달하고 있는 것이다.

아직도 미국이 모든 것이 가능한 곳이라는 것을 의심하는 사람

말할 수 있는 비밀

이 있다면, 아직도 우리 시대에 창립자들의 꿈이 살아 있는지 의심하는 사람이 있다면, 오늘 밤 이 결과가 여러분의 대답이 될 것입니다.

(……)

이번 선거는 여러 세대에 걸쳐 전해질 처음 있는 이야기이자 많은 이야기를 담고 있습니다. 하지만 오늘 밤 제가 하려는 이야기는 애틀랜타에서 투표한 한 여성에 관한 것입니다. 그녀는 이번 선거에서 자신들의 목소리가 들리게 하기 위해 줄을 서 있던 수백만의 다른 사람들과 한 가지를 제외하면 많이 닮아 있습니다. 앤 닉슨 쿠퍼가 올해 106세라는 것만 빼면요. (……) 그녀는 두 가지 이유에서 투표를 할 수가 없었습니다. 여성이라는 것과 그녀의 피부색 때문이었죠.

(……)

오늘 밤, 저는 그녀가 미국에서 자신의 시대를 통해 보아온 것에 대해 생각해봅니다. 마음 아픔과 희망, 투쟁과 진보, 우리가 '그렇다'고 말할 수 없었던 시간들과 '우리는 할 수 있다'는 미국의 신조를 고수한 사람들.

그가 네 번째 'Yes, we can'을 이야기할 때 대중은 그의 메시지인 'Yes, we can'을 따라 하기 시작한다.

∕ 연설은 디자인되어야 하며, 스토리를 가지고 전개되어야
   한다.

∕ 욕심을 버리면 메시지가 명확해진다.

추락한 조종사의 꿈

내 인생에 타이틀을 달아보자

"혹시 질문 있으신가요?"

모교에서 진행했던 각 진로 분야별 선배들의 특강 시간에 언론사에 근무한다는 이유로 엉겁결에 초대를 받아 후배들과의 대화를 진행한 적이 있었다. 신입생을 위한 캠퍼스가 별도로 마련되어 신입생들은 모두 기숙사 생활을 하도록 규정이 바뀌어서인지 늦은 저녁 시간임에도 학생들이 많이 모였고, 강의를 듣는 모습도 여느 학교 강의 때와 달랐다. '이런 것이 뭐라도 하나 더 알려주고 싶은 강의구나' 하고 느꼈던 날이었다. 유독 질문이 많았던 그날 강의를 마치려고 하는 순간이었다. 계단식 강의실 가장 눈에 띄는 자리에 앉아 있는 남학생이 강의 내내 집중하는 모습이 눈에 들어왔었는데, 바로 그 학생이었다.

"선배님께서는 꿈을 이루었다고 생각하십니까?"

뜨끔했다. 좋은 회사들을 다닌 것도 확실하고, 남들이 부러워할 만한 이력을 쌓은 것임에도 틀림없는데, 꿈을 이루었다고 생각한 적은 한 번도 없었기 때문이다. 정확하게는 '목표를 이룬 적은 많았지만, 내 꿈을 이룬 적은 없었다.'

대학 시절 내 꿈은 대형 항공사의 조종 훈련생이 되어 파일럿이 되는 것이었다. 매 학기 서너 개의 과외를 해도 매달 학비와 하숙비를 고민해야 했고, 거기에 생활비마저 쪼들려 친구들에게 맥주 한 잔 살 수 없었던 내 형편은 결혼이나 여유 있는 삶이 목표가 아닌 독신으로 살며 세계를 여행할 수 있는 조종사가 되는 것을 꿈꿨다. 하지만 대학 3학년이 되면서 본격적으로 준비한 조종 훈련생 시험에 실패했고, 기회가 많지 않았던 시험 실패에 대한 충격과 좌절로 학교를 휴학한 뒤 고시원으로 들어가 모든 것을 단절하고 살았던 과거가 있다. 솔직히 조종사를 제외한 다른 직업은 눈에 들어오지 않았기 때문에 무엇을 하고 살아야 할지 막막했었다.

자꾸 떨어지는 입사 지원서, 무엇이 문제일까?

"준호야, 나랑 입사 시험 같이 보러 다니자."

잘 자라지 않는 수염도 길러보고, 컵라면과 햇반으로 초췌한 삶을 살며 패배자 코스프레를 하던 어느 날, 고시원 옆방에 살던 동갑내기 대학원생 친구가 원서 몇 장을 들고 방문을 두드렸다. 단 한 번도 일반 회사에 들어가겠다는 생각을 해본 적이 없었고, 유학까지 다녀온 그 친구와 달리 나는 토익 점수와 같은 기본적인 '스펙'도 없었다.

"욱상아, 나 조종 훈련생 준비하느라 토익을 본 적이 없어."

이런 나의 걱정에 "괜찮아, 그냥 한번 보는 거지. 너 아직 한 학기 더 남았으니까 모자란 건 다음에 준비하면 되잖아"라며 나를 다독여 결국 원서를 같이 넣기 시작했다. 이런 걸 친구 따라 강남 간다고 표현하는 것인지. 대학 시절, 내 취업의 시작은 그렇게 꿈의 실패 뒤에 찾아왔다.

매일 PC방에서 '인크루트'라는 취업 정보 사이트를 뒤지고, 입사 지원서라는 것을 작성하기 시작했다. 그런데 막막한 것은 나를 어떻게 소개해야 하는지였다. 첫 원서는 LG 계열의 한 금융 회사에 지원하기 위해 썼던 것인데, 채워야 하는 칸들을 모두 채울 수가 없었다. 자격증도 없었고, 영어 점수도 없었다. 학교를 다니며 했던 활동은 과외가 전부였던 내가 내세울 만한 건 전혀 없었던 것이다. 결국 서류 전형에서 보기 좋게 떨어졌다. 그 해에는 여자 친구와 헤어지고, 조종 훈련생 시험에 떨어지고, 첫 서류 전형이라는 것에서도 떨어졌다. 곧 졸업은 다가오는데 세상이 끝난 것처럼 막막했다.

'어떻게 하지?'

하루하루가 처참해도 어떻게 그 당시처럼 처참할 수 있었을지, 지금 생각해도 암담했던 나날이었다. 봄은 봄이었는데, 내 마음에는 봄이 오지 않고 있었다.

"한준호 씨? ○○화재입니다. 서류 합격 축하드립니다."

지금 생각하면 서류 합격이라며 전화가 오는 것이 이상할 만도 한데, 당시에는 합격이라는 단어에 목이 말라 있었던지라 정신이 없었다.

"네, 고맙습니다."

그렇게 들뜬 마음을 안고 면접을 보러 간 곳은 잠실에 있는 한 빌딩이었다. 분명히 ○○화재로 면접을 보러 간다고 생각했는데, 내가 생각한 것보다 규모가 너무 작았다. 면접까지 쉽게 합격을 하고 연수를 받던 중 보험 설계사 시험을 보고 나서야 내가 보험 설계사를 뽑는 시험에 합격한 것을 알았다. 요즘 같이 인터넷이 발달한 시절이었으면 벌어지지 않았을 일이지만, 연수를 받던 우리 대부분은 우리가 새로 생긴 금융 업종 연수를 받는다고만 생각했었다. 특히 조종 훈련생만 준비하던 나는 취업 정보 문외한門外漢이었다.

그런데 ○○화재에 합격한 이후 내게 큰 변화가 일기 시작했다. 합격을 통해 나를 증명하고 싶다는 욕구가 생긴 것이다. 지금도 우리 아이들이나 학생들과 수업을 할 때면 작은 성공을 먼저 해보라는 조언을 하곤 하는데, 내 스펙이 크게 달라진 건 없었지만 내 안에는 합격을 해보았다는 느낌이 생겼던 것이다.

말할 수 있는 비밀

입사 지원서는 어떻게 준비해야 할까?

모 보험사 일을 겪고 나니 본격적으로 대기업들의 입사 전형이 시작되었다. 당장 내 스펙을 업그레이드할 수는 없는 일이었고, 다른 친구들과는 차별점을 두어야 했다. 이 두 가지를 해결할 방법은 결국 원서에서 돋보이는 수밖에 없었다. 그 회사가 나를 뽑아야 할 이유를 내가 만들어줘야 했다.

당시 내가 만들었던 것은 지금으로 따지면 SWOT 분석(기업의 내부 환경과 외부 환경을 분석하여 강점Strength, 약점Weakness, 기회 Opportunity, 위협Threat 요인을 규정하고 이를 토대로 경영 전략을 수립하는 기법) 같은 것인데, 그동안 살아온 인생에서 내세울 만한 것과 입사해서 만들어가야 할 것들을 나열하기 시작했다. 그 시절 내가 내세울 수 있었던 것은 '스스로 학비를 벌었던 것', '대학 때 장사했던 경험', '신문 배급소에서 숙식하며 일했던 경험' 등 새로운 것에 도전하는 데 두려움이 없고 늘 모든 문제를 스스로 해결해왔다는 점이었다. 이런 정리들을 해가다 어느 날 자기소개서에 '한준호'라는 사람 앞에 붙일 타이틀을 하나 만들어보자는 생각을 하게 되었다.

"신도 포기한 불모지의 삶, 그 삶에서 '꾸역꾸역' 농사짓는 사람."

그것이 나였다.

그 후 내 이력서는 '저는~'으로 시작하던 일반적인 양식을 버리고 첫 구절에서 나를 알 수 있도록 바뀌었다. 가끔은 시의 구절을 인용하기도 했고, 에세이 형식을 빌려 화두를 띄우기도 했다. '없는 영어 점수와 스펙을 과연 이력서로 극복할 수 있을까'라는 의문에도 불구하고, 이렇게 바꾼 이력서는 첫 도전부터 긍정적인 결과를 가져오기 시작했다.

연이어 도착하는 서류 전형 합격 메일, 그야말로 진검승부를 겨룰 수 있는 자격을 얻은 느낌이었다.

∴ 그 많은 이력서를 다 읽고 판단하는 경우는 없다.
∴ 자신을 한마디로 설명할 수 있도록 인생에 '타이틀'을 달아
  보자.

말할 수 있는 비밀

무간도 無間道

인생을 바꾼 두 개의 질문

가행도加行道, 승진도勝進道, 해탈도解脫道와 더불어 불교에서 이야기하는 사도四道 중 하나인 무간도無間道는 번뇌에서 벗어나 막힘이 없는 단계, 즉 번뇌를 끊는 단계를 이른다. 그 〈무간도〉라는 제목의 영화는 내가 가장 좋아하는 중국 배우 양조위로 인해 수없이 돌려보았다. 경찰이 되어 조직폭력배를 연기해야 했던 진영인(양조위), 조직폭력배로서 경찰을 연기해야 했던 유건명(류덕화), 두 사람의 바뀐 인생은 가끔 내 인생과 비교되어 어쩌면 일생을 번뇌 속에 살아가다 무간도로 들어갔을지 모르는 두 사람의 마지막 모습에 애잔함을 느꼈던 것 같다.

번뇌란 일종의 욕심에서 오는 것으로, 번뇌를 끊어내는 것은 그

욕심을 버리는 데서 시작되는 것이 아닐까. 언어 역시 그렇다. 잘하려고 하는 것은 지금 그 자리에 서 있는 이유와 욕심 때문이다. 조금은 자신을 버리고 힘을 뺄 필요가 있다. 스피치의 기본은 좋은 기술로 무장하는 것이 아니라 조금 더 내려놓고 진정성을 갖는 데서 시작된다.

미국 CNN의 앵커 앤더슨 쿠퍼Anderson Cooper는 늘 현장감이 살아 있는 기자의 눈으로 뉴스를 전달하지만, 그 시각이 편향적이지 않기에 더욱 사랑을 받는다. 그는 그러한 높은 인지도의 비결에 대해 "오로지 진실을 찾는 일에만 힘을 쏟는다"라고 답하며, "무엇보다 인정받는 것은 단순히 감정이나 데이터가 아닌 정직함에 호소하는 것"이라고 말했다.

언론사 합격의 비밀은 무엇이었나?

서류 심사와 필기시험을 거쳐 MBC 공채 시험의 3차 심층 면접 겸 2차 카메라 테스트의 결과 발표가 있던 주말 아침이었다. 최종 면접에 올라갔다는 것만으로도 이미 벅차 있는 상태였고, 아나운서가 될 것이라는 꿈은 내겐 상상도 하기 어려운 일이었다. 마음 한편으로는 '나도 공중파 아나운서 시험에서 최종까지 올라갔어'라는 일정 수준의 한계를 이미 만들어놓고 있었던 것 같다. 그런데, 또

한편으로는 '어쩌면 나도 할 수 있지 않을까?' 하는 기대감도 가지고 있었다. 하지만 지금까지는 운 좋게 올라왔다고 하더라도, 압도될 것이 뻔한 최종 면접의 예상되는 분위기와 질문들에 문득 발가벗겨진 채 집 앞에서 벌받는 아이 심정처럼 심장이 떨리기 시작했다.

'어떻게 준비하지?'

최종 면접장은 임원실이었고, 그 앞에는 여자 지원자들에 앞서 남자 지원자들이 대기하고 있었다. 약 천여 명으로 시작했던 시험은 이제 세 명으로 압축되어 있었고, 그 순간이 그다지 현실감 있게 다가오진 않았다. 지금이야 긴장을 늦추기 위해 복식호흡을 사용하지만, 당시에는 그런 지식이 전혀 없던 때라 긴장감이 더했던 것 같다. 다만 어차피 이 시험에서 떨어진다면 내가 다시 보지 않을 사람들이라는 생각이 그나마 작은 위안이 되었다.

"한준호 씨?"

인사 담당자로 보이는 사람이 가장 일찍 온 내게 조용히 말을 걸어왔다.

"아~ 네! 제가 한준호입니다."

"그냥 힘내시라고 말씀드리는 건데, 현재 성적으로는 가장 낮으세요. 이번 임원 면접에서 만회하시기 바랍니다."

마음속으로 그러리라 짐작은 했지만, 막상 셋 중 꼴등이라니 왠지 들러리 같기도 하고, 한편으로는 마음이 한결 편해지는 것도 같았다.

"세 분 모두 반갑습니다. 지난 1차 카메라 테스트에서 각자 다른 원고들을 받으셨을 텐데요, 그대로는 기억 못 하실 테고, 어떤 내용이었는지 각자 설명 부탁드립니다."

첫 질문부터 무척 당황스러웠다.

'지금 내가 제대로 들은 건가? 아니 3개월 가까이 지난 원고를 내가 어떻게 외워?'

그렇게 생각하는 순간 첫 번째 지원자가 자신의 원고를 술술 말하는 것이 아닌가. 이런 게 경험이구나 하는 생각이 들었다. 밖에서 들으니 다들 아나운서 시험을 두세 번 치러본 경험이 있었던 데 비해 나는 이 시험이 처음이자 마지막이었으니 말이다. 다행인 것은 1차 테스트에서 쓰이는 뉴스 원고는 세 종류였고, 첫 지원자가 설명한 원고는 내 원고와 같은 것이었기에 어영부영 비슷하게 넘어갔다. 두 번째 질문은 자신이 가장 좋아하는 프로그램은 무엇이며, 그 프로그램을 진행한다 생각하고 '오프닝 멘트'를 해보라는 것이었다. 사실 이런 질문들에 지금도 대처할 자신은 없다. 그런데 스포츠 중계를 해봤던 두 사람은 너무 자연스러운 진행을 하는 것이 아닌가. 그 순간 머리에서 점수표가 작동하기 시작했다. 이미 너무 많은 점수를 잃었던 것이다.

'기회가 올 거야.'

"최종까지 올라오셨다면 타 방송사 시험들도 봤을 텐데요, 세 분은 우리 회사에 지원한 특별한 이유가 있으신가요?"

드디어 말을 아끼던 사장님의 질문이 이어졌다. 그런데 내 예상과 달리 3개월이 지난 뉴스 원고도 달달 외우고, 스포츠 중계도 마치 현장에 있는 것처럼 하던 두 사람이 이 질문에 그동안 내가 하던 모습처럼 '어버버' 하고 있었다. 두 사람이 헤매고 있을 때, 나는 점수를 만회할 중요한 순간임을 직감했다. 면접관들이 왜 아직 방송에 대해 전혀 감이 없는 나를 뽑아야 하는지 설득해보자 마음먹었다.

"저는 현재 증권 유관 기관 홍보실에서 근무하고 있습니다. 그래서 백여 명 정도 되는 출입 기자들과 만남이 잦은데요, 한번은 제가 MBC 출입 기자에게 임원들과의 골프를 제안하게 되었습니다. 그런데 정중히 거절하시더군요. 저는 예의상 그러는 줄 알고 며칠 뒤 다시 제안을 했습니다. 그런데 MBC에서는 공식적인 자리가 아니면 나가지 않으며, 특히 골프 접대는 받지 않는다고 하시더군요. 저는 MBC 외에 다른 곳은 시험을 보지 않았습니다. 그 이유는 이렇게 회사의 방침에 따라 떳떳하게 취재할 수 있는 곳이야말로 소신을 갖고 일할 수 있는 언론사라 생각했기 때문입니다."

나중에 안 사실이지만, 출입처 기자들에게 취재를 명분으로 어떠한 접대도 받지 말라는 회사의 방침이 있던 때였고, 이 면접 이후 당시 보도국장은 사장님으로부터 지침을 잘 이행하고 있다며 극찬을 받았다고 한다.

기술적인 질문들에 이어 받았던 질문들은 제목을 붙여보자면 '당신은 어떤 사람인가'였다. 그리고 결정적인 사장님의 질문이 하나 이어졌다.

"아나운서에게는 대본도 중요하지만, 자신의 경험에 빗대어 대사를 풀어가는 창의성이 있어야 한다고 생각하는데, 각자 어떻게 창의성을 계발하는지 말씀해보세요."

세 사람 중 두 번째인 중간에서 면접을 보고 있던 내 입장에서는 잠시 생각할 틈이 생겼고, 그 잠시의 틈에 사장님 탁상 위에 놓여 있던 MBC 로고가 눈에 들어왔다. MBC의 CI$^{Company\ Identity}$가 너무 낡아 교체를 검토하고 있다는 이야기를 면접을 준비하며 들었던 기억이 떠올랐던 것이다.

"저는 창의성을 위해 메모하는 습관을 지니고 있습니다. 늘 주변을 살피며 좋은 말이나 글, 경험들을 메모하고……."

바로 앞 지원자가 너무 평범한 대답을 하고 있었다. 그런데 갑자기 질문의 순서가 바뀌었다. 내 차례라 생각했는데, 다음 사람에게 질문이 넘어갔다. 나였어도 당황할 수밖에 없었을 것 같은데, 역시나 그 지원자는 당황해서 질문에 제대로 답을 하지 못했다. 그렇게 되자 사장님은 별로 기대하지 않는다는 말투와 눈빛으로 내게 물었다.

"한준호 씨, 답변해보세요."

"저는 창의성이란 말로 표현할 수 있는 것이 아니라고 생각합니다. 현재 사장님 책상 위에 놓여 있는 노트에는 안테나 모양인 MBC의 CI가 있는데요, 저는 그 CI를 현재 MBC가 추구하는 '글로벌 방송사'에 맞춰 바꿔야 한다는 제안을 드립니다."

갑자기 사장님이 안경을 고쳐 쓰며 물어왔다.

"왜 그렇게 생각하죠?"

마지막 질문이었고, 내겐 마지막 기회였다.

"MBC가 글로벌 취재를 위해 중요한 인물과 인터뷰 약속을 했다고 가정해보겠습니다. 그 사람이 전화로 'MBC 기자입니다'라고 하면, NBC로 착각해 쉽게 30분 정도의 인터뷰에 응할 수 있습니다. 그런데 막상 만나면 동양인이 잘 알지도 못하는 방송사의 명함을 내밀 것이고, MBC에 대해 설명하기 위해 기자는 인터뷰 시간 중 10분은 MBC가 한국에서 얼마나 유명한 방송사인지 말하는 데 할애해야 할지 모릅니다. 따라서 CI만 보면 굳이 설명이 필요 없는 글로벌한 MBC만의 CI로 바꾸고, 그에 대한 활용 방안을 만들어야 한다고 생각합니다."

실제로 회사 입사 후 MBC는 CI를 바꾸었고, 이 대답은 최종 면접에서 순위를 바꾸어놓았다. 최종 면접에서 순위를 바꾼 두 개의 대답은 '내가 누구인지'와 '왜 이곳에 왔는지'를 보여주는 것이었다고 생각한다. 그 두 개의 대답으로 앞에서 헤매던 모습이 지워지고, 면접관들에게 좋은 이미지로 각인되었던 것이다.

∴ 정해진 훌륭한 답변은 어디에도 존재하지 않는다. 다만 자신에게 '왜?'라는 질문을 끊임없이 던져보자.

말할 수 있는 비밀

내 딸의 첫 이력서

예상 질문은 자신만이 알고 있다

"아빠, 저 꿈이 바뀌었어요."

남들보다 조금 이른 나이에 결혼한 나에게는 세 명의 아이가 있다. 1월생인 딸, 2월생인 아들, 그리고 3월생의 늦둥이 막내아들이다. 그중 큰딸이 중학교 3학년에 진학하던 시기 디즈니에서 일하고 싶었던 자신의 꿈이 바뀌었다며, 인권 운동가로 국제기구에서 일하고 싶다는 것이었다. 딸아이가 인권 운동을 한다는 말이 그리 달갑지는 않았지만, 40대 중반에도 꿈을 못 찾고 있는 나로서는 그 꿈이 언제든 바뀔 수 있다는 걸 잘 알기에 '쿨cool'한 아빠가 되어보기로 했다.

"아빠는 네가 좋아할 수 있는 일이라면 뭐든 찬성이야. 우선 거기에 맞게 진로를 짜보자."

그렇게 큰아이와 나는 집 근처에 있는 국제고등학교 진학을 목표로 삼게 되었다.

"자기소개서, 교사 추천서, 면접, 와~ 여기 준비할 것이 하나둘이 아니네."

"아빠, 우리 학교에서 거기 준비하는 아이들은 전부 학원에 다닌대요."

막상 학교 진학을 준비하려니 이제 몇 개월 남지 않은 기간에 해야 할 것들이 너무도 많았고, '이럴 바에는 학원을 보내는 것이 어떨까?' 하는 유혹도 잠시나마 있었다. 하지만 우리 부부는 둘 다 어렵게 자란 탓인지 사교육에 대한 부정적 시각이 있었고, 공부는 집에서 하는 것이라는 우리만의 고집 같은 것이 있었다. 특히 글을 쓰고 면접을 보는 것이라면 아이를 누구보다 잘 아는 내가 직접 지도하는 것이 맞을 거라는 생각에 딸에게는 걱정하지 말라고 큰소리를 치곤 유튜브에 올라와 있는 특목고 진학 관련 내용을 이틀에 걸쳐 꼼꼼하게 살펴봤다.

"다혜야, 어차피 자기소개서든 면접이든 네 이야기이니까 편하게 준비하자. 시간은 충분해! 다른 아이들은 학원에서 준비하지만, 너는 MBC 아나운서와 준비하니, 네가 더 유리한 거 아냐?"

우스갯소리였지만, 왠지 할 수 있을 것이란 자신도 있었다.

말할 수 있는 비밀

나만의 자기소개서, 어떻게 준비할 수 있을까?

"다혜야~ 글은 써봤어?"

입학 요강이 공지되고 난 후 딸과 나 사이에는 약간의 긴장 관계가 형성되기 시작했다.

"아니요."

딸아이 대답이 조금 퉁명스러웠다.

"학교 공부도 정신없어서 글 쓸 시간이 많지 않아요. 주말에나 쓸 수 있을 것 같아요."

아무래도 자기소개서 2000자 내에 '자신이 왜 이 학교에 지원하려는지'와 '자신이 얼마나 이 학교에 알맞은 사람인지'를 써야 한다는 부담감 때문에 고민은 많지만 글로 옮기질 못하고 있는 것 같았다.

"다혜야, 우선 질문지를 만들자. '왜?'로 시작하는 질문지인데, '왜 이 학교를 선택하게 되었는지', '왜 그런 사람이 되려는지', '왜 그런 봉사 활동을 해왔는지', '왜 그런 책들을 읽게 되었는지', '너는 한마디로 어떤 마음가짐으로 살아가고 있는지' 같은."

대학 특강을 나가게 될 때면 학생들에게 물어보는 질문이 하나 있다.

"20여 년의 시간을 살아온 여러분 인생에 혹시 '타이틀'을 달아

볼 수 있습니까?"

여기에 대답할 수 있는 학생이 거의 없다는 것을 잘 알고 있다.

"그것이 누군가의 이론이어도, 또는 좋아했던 책의 구절이어도 좋습니다. 오늘 이후 여러분 인생을 돌아보며 '타이틀'을 하나 만들어보세요."

사실 이 방법은 대학 시절 몇 번의 서류 전형에서 떨어지다 문득 '나는 왜 아무것도 아닌 사람처럼 느껴지는 것인가?'라는 자책에서 시작되었다. 그리고 새로운 무엇인가를 시작할 때 버릇처럼 스스로 질문을 던지며, 시작하려는 것에 제목을 달곤 했다. 지금의 내 인생에 스스로 달아본 제목이 '비긴 어게인Begin Again'인 것처럼.

딸에게 질문지를 만들어보라는 제안을 하고 3주 가까이 지났을 무렵이었다.

"아빠, 제가 너무 길게 쓴 것 같아요."

평소 신중한 성격 때문인지 아이가 내민 원고의 양이 제법 되었다.

"다혜야! 글쓰기에는 주제를 풀어가며 쓰는 글이 있고, 긴 이야기를 좁혀가는 글이 있는데, 지금 우리가 할 작업은 너의 긴 이야기를 효과적으로 줄이는 거야."

대학생들과 수업을 하다 보면 모든 시험에서 자기소개서와 면접을 따로 준비하려는 경향이 보인다. 하지만 내가 경험했던 수많은 시험에서 늘 빠지지 않았던 질문은 '우리 회사에 왜 지원하게 되었습니까?', '당신은 이곳에서 무엇을 하고 싶습니까?' 같은 기본 질의였다. 그런데 이런 기본 질문에 대다수 수험생이 비슷한 대답을 한다는 점이 늘 아쉽다. 면접 준비는 자신에게 질문하는 데서 시작된다고 믿는다. 이런 관점에서 자기소개서 준비는 시험의 시작이자 끝이라 할 수 있다.

✓ 자기소개서 준비는 시험의 시작이자 끝이다.
✓ 자신에 대한 질문지를 만들어보자.

질문지에 답을 달아보았지만
어떻게 정리해야 할지 모르겠다면?

딸의 고등학교 진학을 준비하며 느낀 점은 회사의 입사 과정과 크게 다르지 않다는 것이었다. 집중할 수 있게 만드는 자기소개서와 그 자기소개서에 기반을 둔 면접 준비, 말로 표현하면 너무 쉽고 깔끔하지 않은가? 그런데 문제는 집중할 수 있게 하는 자기소개서다. 아나운서 시절, 신입 응시자들의 입사 지원서를 검토하다 보면 자신을 잘 담아내는 자기소개서를 만나기가 쉽지 않았던 기억이 있다. 이렇게 이야기하면 '변별력이 떨어져서 자기소개서가 중요하게 사용되지 않겠네요?'라고 질문할 수 있겠지만, 반대로 변별력 있는 자기소개서는 우선 선별해놓는다고 답변할 수 있겠다.

딸아이의 질문지가 완성되고, 답변이 작성되어갈 때 가장 고심한 부분은 자기소개서의 첫인상이었다. 앞서 자기 인생에 '타이틀'을 달아보라는 조언은 이런 점에서 유용하다. 자신의 인생에 달린 타이틀로 짧은 자기소개서 안에서 이목을 끄는 첫인상을 만들 수 있기 때문이다.

"다혜야, 네 질문에 대해 잘 풀어 쓴 것 같은데, 나열식이라 한눈에 들어오는 느낌이 없거든? 너의 학습 특징은 한마디로 뭐라고 생각하니?"

글을 쓰는 사람들은 한마디를 긴 글로 풀어내지만, 말을 하는 사람들은 긴 글에서 한마디를 찾아내기 위해 훈련을 한다. 이런 것을 방송인들이 쓰는 말로 '프레임frame 지운다'라고도 표현한다. 그런 점에서 나는 딸아이가 쓴 긴 글에서 본인의 특징을 한마디로 끌어내고 싶었다.

"저는 늘 잘하는 데까지 시간이 걸렸던 것 같아요. 그래도 게으르지 않게 꾸준히 해가다 보면 좋은 결과가 있었어요."

딸의 이야기를 좀 더 명확한 한마디로 끌어내야 했다. 그래서 아이가 평소 즐겨 읽던 책들에서 답을 찾기로 했다.

"너는 평소에 철학책을 많이 읽었다고 했는데, 혹시 철학자 중에

너의 경우처럼 느려도 꾸준히 하면 성공한다는 말을 한 사람이나 유명한 격언 같은 것은 없을까?"

순간 딸은 책 제목으로도 쓰였던 괴테의 말을 생각해냈다.

"삶은 속도가 아닌 방향이다."

이처럼 질문과 대답을 통해 우리는 자기소개서의 '타이틀'을 찾은 것이다.

✎ 자기소개서에 '타이틀'을 달아보자.
✎ 짧은 자기소개서에도 첫인상이 존재한다.

다혜의 지원 동기 완성본

삶은 속도가 아닌 방향이라는 괴테의 말은 중학교 3년간 내 모습을 대변한다. 빠르진 않지만 꾸준함은 실수 속에서 나만의 공부법을 찾을 수 있었던 힘이었다. 3남매 중 첫째인 나는 공부를 비롯한 많은 일을 스스로 감당해왔다. 이 과정에서 학원이란 빠른 길보다 내 방법이 옳다고 믿는 것이 가장 어려웠다. (……)

중학교 진학 후 경쟁으로 힘들던 때 학교 도서관에서 발견한 책 『미움받을 용기』의 철학자는 이런 말을 했다. "우리가 걷는 것은 경쟁하기 위해서가 아니야. 지금의 나보다 앞서 나가는 것이야말로 가치가 있네." 이 책은 사회의 올바른 발전 방향에 대해 생각하는 계기가 되었고, '모두가 행복한 삶을 누리는 세상'을 꿈꾸게 된 동기이자 모두가 동등한 기회와 권리를 누리는 세계를 구축하는 데 앞장서고 싶다는 꿈을 심어주었다.

(……)

예상 질문을 만들어야 할까?

"아빠! 이제 면접은 어떻게 준비하죠?"

사립으로 설립된 학교 한 곳을 포함해 전국에 국제고등학교는 총 일곱 개가 있고, 전국 단위 모집으로 실제 경쟁률은 2대 1 정도였다. 서류에서 2배수를 합격시키기 때문에 자기소개서를 포함한 서류 불합격은 거의 없으니 당락은 보통 면접에 달려 있었다.

"다혜야, 너무 조급하게 생각할 것 없어. 이미 생활기록부를 중심으로 자기소개서를 쓰면서 우리가 질문지를 만들고 답을 달았으니 이제 네가 읽었던 책들 리스트만 작성하고, 그중 내용이 전혀 기억나지 않는 것들만 확인하면 될 거야."

딸아이가 시험을 본 국제고등학교의 경우 공통 제시문으로 창의, 봉사, 인성을 주제로 한 응용 문제가 나오고, 개인 질문으로 생활기록부에 기재된 독서 기록 내용과 자신의 학습법과 관련한 내용이 출제되는 경향이 있었다.

　면접에 대한 나만의 지론은 면접에 예상 질문은 따로 존재하지 않는다는 것이다. 자신이 지원하는 곳과 스스로에 대해 질문을 던져보고 답을 해봤다면, 오히려 머리를 비우고 자기소개서에 생각 없이 쓴 부분은 없는지 살펴보는 것이 더 효과적이라고 생각한다. 내가 면접관으로 들어갔던 두 번의 면접에서 느낀 것이지만, 처음 만난 사람에 대해 호기심을 느끼며 질문하는 경우보다 그 사람이 작성한 자기소개서와 이력 사항들에 근거해 질문할 수밖에 없으니, 결국 예상 질문은 자기 자신만이 알고 있다는 나의 생각이 틀린 것은 아니다.

　"아빠, 어디 계세요?"

　아이를 홀로 면접장인 학교로 들여보내고 인근 커피숍에서 기다리길 두어 시간, 면접을 마친 큰아이의 전화가 무척 반가웠다. 아니, 솔직히 안에서 어떤 질문과 대답이 오고 갔는지, 대답은 잘 했는지를 확인해보고 싶었고, 우리가 했던 준비가 옳았는지 알고 싶었다.

　"오늘 면접은 잘 본 것 같아?"

　약간 기분 좋게 상기되어 있는 아이의 얼굴을 보니 내심 기대가 되었다.

　"아빠, 정말 준비한 것에서 그대로 나온 건 하나도 없고요, 전부 응용해서 대답해야 했는데, 질문을 듣고 조금 생각하니 대답하는

게 어렵진 않았어요."

학원에 다니는 아이들은 학원 선생님과 수백 개의 질문을 준비하고 답을 달아본다고 한다. 그 양과 들이는 시간, 비용이 지나치다고 느껴져서이지 방법이 틀렸다고 볼 순 없다. 그럼에도 면접에서 가장 중요하다고 생각하는 것은, 첫째는 스스로에 대한 질문에 솔직하고 충실하게 답하는 것이고, 둘째는 면접관과 면접에 같이 임하는 이들을 포함해 면접장에 있는 모든 이의 말을 잘 듣는 것이다. 답변의 아이디어는 대부분 그 안에서 찾을 수 있다.

✎ 면접장에서 준비한 질문이 안 나온다고 초조해할 필요는 없다. 예상 질문이란 존재하지 않는다.
✎ 답은 늘 자기 자신 안에 있다.

요즘은 가끔 새벽 1시 무렵 딸아이에게서 전화가 온다. "아직도 안 자고 있어?" 하고 물으면, "과제가 너무 많아요"라는 기운 빠진 딸아이의 목소리를 듣게 된다. 그럴 때면 이렇게 준비해 들어간 학교가 원망스럽기도 하고, 특히나 주말에 면회라도 마치고 돌아올 때면 아직은 아이티를 벗지 못한 딸의 얼굴이 떠올라 가끔 눈시울이 붉어지기도 한다. 하지만 앞으로 커가며 겪어야 할 많은 시험이란 관문 중의 하나에 성공해본 경험은 분명 아이에게 큰 자산이 되

말할 수 있는 비밀

리라 믿는다.

면접에 레토릭 적용하기

면접도 말하기다. 다만 레토릭이 설득의 화술이라는 점에서 질의에 답을 해야 하는 면접은 순서만 조금 바뀐다. 면접 시 질의에 대한 자신의 주장을 (두세 가지로 정의 내려) 내세우고, 경험과 근거를 제시한 뒤(재현), 정리한다(반복).

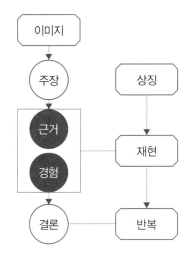

2 요리법

경험과 지식은
스피치 요리법에 따라
놀라운 맛을 낸다

남의 목소리가 들려

내 목소리가 다르게 들리는 이유

2004년 3월, 긴 신입 사원 연수를 마치고 드디어 아나운서국으로 발령을 받았다. TV에서만 보던 사람들이 나를 반겨주는 느낌은 무엇이라 표현할 수 없을 만큼 짜릿했으며, 내가 그 일원이 된다는 사실에 무엇보다 설렜다. 그렇게 아나운서국에서 직무 교육인 OJTOn the Job Training가 시작됐다. 아나운서들은 입사해 '방'이라고 불리는 아나운서국에 배치되면 OJT 기간 동안 교육 프로그램을 만들고 진행해주는 '담임 선생님'이 배정된다. 우리 기수 담임은 〈성공시대〉라는 프로그램의 진행을 맡았었던 변창립 선배였다.

"너희들 오늘부터는 녹음기를 가지고 다니면서 매일매일 과제를 녹음해 와서 평가받도록 해."

변창립 선배의 목소리와 억양은 성대모사라도 하고 싶을 정도로 개성이 있었다. 그런 생각에 가끔 따라 해서인지 〈닥터스〉 오디션에 합격해 첫 녹음을 나가던 날, 한 시사 교양 PD 선배로부터 "내레이션이 '변창립'스럽네"라는 말을 듣기도 했으니 말이다.

"나는 왜 목소리가 이렇죠?"

교육을 받고 집에 오는 날이면 난 늘 풀이 죽어 있었고, 매일같이 아내에게 투정을 부리곤 했다.

"자기 목소리가 어때서요. 나는 좋기만 한데."

녹음해 듣는 내 목소리를 들을 때면 '아나운서국 안에 가득한 좋은 목소리 중 왜 내 목소리만 이럴까?'라는 자괴감이 들었고, 내 목소리를 들으면 들을수록 마음에 차지 않았다. 발음, 소리, 톤, 그 어느 것도.

스피치와 관련한 강연이나 강의 자리에서 개별 질문을 통해 제법 많이 받는 질문 중 하나가 어떻게 하면 목소리를 바꿀 수 있는지에 대한 것이다. 또한 자신의 목소리를 녹음하거나 녹화해 듣게 되는 국회의원 등 공인으로 활동하는 사람들로부터는 자신의 목소리가 평소 듣던 것과 달라 모니터하기 부담스럽다는 이야기를 자주 듣게 된다. 결론부터 이야기하자면 녹음 목소리의 어색함은 학술적 용어로 '음성 직면Voice Confrontation'이라 불리는 일반적인 현상으로, 고칠 수 있는 것이 아니다.

목소리는 우리가 내는 소리(음파)가 공기를 통해 전달되는 방식

　　　　　　　　　　　　　　　말할 수 있는 비밀

과 뼈를 통해 전달(골전도)되는 두 가지의 방식으로 동시에 들리는데, 영국의 일간지 〈가디언The Guardian〉이 이에 대해 다룬 적이 있다.

맨체스터 지역을 기반으로 하는 영국의 일간지 〈가디언〉은 영국의 정론지 가운데서 가장 많이 구독되고 있는 신문 중 하나인데, 얼마 전 이 신문에 "당신 목소리가 당신을 좌절하게 만드는 진짜 이유The Real Reason the Sound of Your Own Voice Makes You Cringe"라는 제목의 기사가 실려 관심 있게 보게 되었다.

〈가디언〉에 따르면, 우리는 공기를 통해 전달되는 음파와 뼈를 통해 전달되는 음파 두 개를 같이 듣고 있다. 그런데 녹음되는 소리에는 공기를 통해 전달되는 음파만 기록되기 때문에 두 개의 소리가 다르게 들린다는 것이다. 방송 분야 중 라디오 관련 프로그램을 진행할 때 스튜디오 밖의 PD가 전달하는 내용을 듣는 목적도 있지만, 자신의 목소리와 상대방의 목소리를 모니터하는 용도로 헤드폰이나 이어폰을 사용한다. 이때 들리는 소리는 골전도를 통해 오는 소리보다 마이크를 타고 나오는 소리를 더 정밀하게 들을 수 있다. 그래서 라디오 프로그램을 오래 진행한 사람일수록 녹음 목소리에 더 빠르게 적응하게 된다. 특히 소리를 내는 후두는 인체에서 근육 대비 신경의 비율이 가장 높은 부위라 세밀히 조율되기 때문에, 녹음 시 헤드폰을 통해 그 소리를 듣는 것과 듣지 않는 것은 녹음 이후 큰 차이를 보이기도 한다.

녹음된 목소리의 어색함을 바꿀 수는 없을까?

"선배님, 녹음 목소리가 너무 어색한데, 혹시 바꿀 수 있는 방법이 없을까요?"

방송을 하던 시절, 아나운서국에서도 목소리가 좋은 사람으로 꼽히곤 했지만, 나는 아직도 녹음된 내 목소리가 어색하다. 다만 이를 극복하는 방법으로 당시 내 질문에 답했던 선배의 말을 정답으로 꼽곤 한다.

"그건 누구나 다 그래. 그래서 많이 녹음하고 들어봐야지. 방송하는 사람이라면, 더더욱. 그리고 목소리를 입안에서 '웅웅'거리지 말고 조금 더 입 앞으로 빼내려고 노력해야 어색함이 사라져. 특히 목소리가 낮은 사람들이 그런 현상이 좀 많은가 보더라."

이런 '음성 직면' 현상에 대해서 '감정의 의사소통'에 대해 연구하는 캐나다 맥길대학의 마크 펠은 "녹음된 목소리를 들을 때 우리는 그 목소리를 평소 우리가 다른 사람의 목소리를 평가하는 방식으로 듣는데, 이 과정에서 우리가 자신의 목소리에 대해 받는 느낌을 다른 사람도 느낄 것이라고 생각한다. 그리고 그 느낌이 자신이 남들에게 보이고 싶어 하는 사회적 특징을 가지고 있지 못하기 때문에 불편함을 느끼게 된다"라는 의견을 내놓기도 했다.

그렇기 때문에 녹음 목소리의 어색함은 극복할 문제가 아니고 친숙해져야 할 대상이다. 방송인들은 자신의 방송을 자주 모니터하며 방송 목소리와 친숙해져 가지만, 그럴 기회가 많지 않은 일반인들은 자주 목소리를 녹음해 들어보는 것이 유일한 해결책이라 할 수 있다. 또 하나의 방법은 공기를 통해 듣는 소리의 비율을 높이는 것인데, 발성 연습을 해서 소리를 입술 앞쪽으로 빼줘야 한다. 이것은 매일 노력할 수 없는 사람들에게는 무척 어려운 작업이다. 혹시라도 이러한 노력을 할 수 있는 사람들을 위해 소리를 입술 앞쪽으로 빼는 연습 방법을 다음과 같이 3단계로 제시한다.

1단계: 이완

모든 발성 연습은 목의 긴장감을 푸는 데서 시작된다. 목을 최대한 뒤로 젖혀보고, 좌와 우로 최대한 이완시켜 본다.

2단계: 발성

고양이 자세로 바닥에 엎드린다. (이 자세는 자연스레 복식호흡을 유도하기 때문에 발성 연습을 처음 하는 사람들에게 유용하다.) 그 자세에서 소리의 물리적 거리가 입에서 바닥까지라는 생각을 가지고, '가' 발음과 '각' 발음을 바닥을 친다는 느낌이 들 때까지 반복해본다.

3단계: 낭독

신문이나 인터넷 기사 등을 준비해 (매일 다른 글을 읽을 필요는 없다. 같은 글을 반복하는 것도 괜찮은 방법이 된다.) 2단계의 방법

(소리가 바닥을 친다는 느낌)으로 낭독한다.

이 방법을 매일 반복할 수 있다면 분명 소리는 입 앞쪽으로 빠질 것이다. 그리고 연습 기간이 길면 길수록 주변으로부터 목소리가 달라졌다거나 소리가 좋아졌다는 말을 듣게 될 것이다. 소리는 분명 바뀔 수 있지만, 이를 위해서는 근육을 단련하듯 매일 10분씩이라도 꾸준한 노력이 필요하다.

✍ 녹음 목소리의 어색함은 극복할 문제가 아닌 친숙해져야 할 대상이다. 다만 소리(발성)에 관심이 있다면, 근육을 단련하듯 꾸준한 노력이 필요하다.

말할 수 있는 비밀

거시기가 뭐당가?

사투리 고칠 수 있을까

언어학에서 보면 사투리와 방언은 명확히 구분되고 있다. '방언'은 그 자체로 독립된 체계를 갖춘 언어의 변종으로 볼 수 있고, '표준어'와는 달리 그 지방에서만 사용하는 말을 '사투리'라고 부른다. 그래서 '사투리'는 토어土語, 토음土音, 토화土話 등으로도 불린다. 조금 쉽게 설명하자면, 사투리는 음의 높낮이 즉 '억양intonation'의 차이이고, 방언은 변종된 언어 즉 '어휘vocabulary'의 차이라고 볼 수 있다.

요즘처럼 남북 간 평화라는 말이 실감나는 시기에는 서울말 중심의 대한민국 표준어와 북한 표준어인 평양말 중심의 문화어文化語 사이에도 언젠가는 새로운 표준어가 제시되어야 할 날이 올지도 모르겠다는 생각이 든다.

개인적으로는 독자적인 방언을 사용하는 제주의 언어를 제외하고는 대부분 소통에 어려움이 없어 지역의 고유색을 띠는 사투리를 구태여 고쳐야 한다는 생각은 없지만, 직업에 따라 사투리를 고치고 싶어 부탁을 받는 경우들이 있어 가볍게 짚고 넘어가려 한다.

좋은 연설, 발표를 위해 사투리를 고쳐야 할까?

전주에서 태어났지만 세 살부터 중학교 입학 직전까지 경기도에서 살았던 내가 사투리를 처음 접한 것은 초등학교 6학년 때였다. 물론 전라북도 출신의 부모님 말투에서 약간의 전라도 뉘앙스를 느끼긴 했었지만, 타지 생활을 거치며 부모님의 말투에는 지역색이 많이 사라져 친인척을 만날 때 외에는 잘 듣지 못했다. 그래서인지 초등학교 6학년 말 전주에서 처음 겪은 사투리와 방언의 문화적 충격이 컸다.

"너 거그자(그 애) 아~냐?"

전학 간 첫날 서울말을 쓴다며 신기해하는 나를 둘러싸고 이런 저런 질문을 하던 아이들의 말투가 왠지 불량스럽게까지 느껴져 주눅이 잔뜩 들었던 기억이 난다.

"야 여그자(애) 좀 봐라. '했니'란다, '했니', 와하하."

'그랬니', '저랬니'는 그 아이들이 보기에는 여자아이 말투였던 것

말할 수 있는 비밀

같다. 지금이야 다시 편하게 '그랬니', '저랬니'를 쓰지만, 전주를 떠나서도 한동안은 서울말과 전라도 사투리의 어중간한 평균을 유지하려 했던 것 같다.

"김 상병, 니 경례를 제대로 몬하지?"

군에서 근무할 때였다. 서울에서 근무했던 나는 인근 부대를 갈 일이 많았는데, 한번은 경기도 인근 부대에 들렀다 웃지 못할 상황을 목격하게 되었다. 상병 계급장을 단 조금 삐쩍 마르고 순하게 생긴 병사가 인사계로 보이는 사람에게 경례 문제로 혼나고 있었던 것이다.

"니 다시 경례해봐!"

모두가 소리 내 웃지는 못한 채 숨죽여 그 모습을 바라보고 있었다. 그 가운데는 중대장으로 보이는 사람도 있었는데, 같이 웃음을 참으며 자리에서 그 모습을 바라보고 있었다.

"필! 썽!"

상병이 겁에 질려 경례를 하자 인사계는 다시 혼을 냈다.

"야 인마~ 경례하나 똑바로 몬하나? 필~서엉~이야 필~썽이야?"

같은 경상도권 인사계가 질문을 하는데, 나는 그 상황이 당혹스러워 웃지도 못하고 멍하니 바라볼 수밖에 없었다. 내가 듣기에는 둘 다 그 부대의 경례 구호인 '필승'이 아닌 '필썽'으로 들렸기 때문이다. 그렇게 몇 번의 지적질이 끝날 무렵 상병은 다시 큰 소리로 경례를 했다.

"필서엉~."

"그래그래~ 되잖아~."

아나운서로 입사한 사람들 대부분이 서울이나 수도권 출신일 것으로 생각하지만, 사실 아나운서 중 서울 태생들이 생각처럼 많지는 않다. 특히 MBC의 경우 2000년 이후 입사자 중 많은 수가 청주, 전주, 부산, 대구, 울산, 광주 등 지역 출신이다. 그나마 충청도나 전라북도권은 악센트가 강하지 않아 표준어 구사에 큰 어려움이 없지만 부산, 대구, 울산과 같이 경상도권에서 성장한 사람들을 볼 때면 '그들이 얼마나 일찍부터 아나운서의 꿈을 가지고 노력했을까?' 하는 생각에 대견함을 느끼곤 했다. 그런데 과연 사투리는 '고쳐야 하는 것일까?' 그리고 '고칠 수 있는 것일까?' 이 질문에 대해서는 여러 강연이나 수업들을 준비하며 나름의 결론을 내렸다. '사투리는 절대 고쳐지지 않는다.' 하지만 질문을 바꿔 '사투리가 심한 사람들도 표준어를 구사할 수 있는가?'라고 질문한다면, 그건 가능하다.

영화배우 중 배역을 위해 사투리를 익히는 사람들이 있는데, 그 사람들은 표준어를 사투리로 고치지는 않는다. 같은 이치다. 부모님과 통화를 하거나 친구를 만나거나 생각을 할 때 쓰는 언어를 버려가며 표준어를 써야 한다면 굳이 그럴 필요는 없다. 다만 필요에 의해 표준어를 써야 할 때 사투리를 표준어로 고친다고 생각하지 말고 표준어를 새로 배운다고 생각하면 오히려 쉽게 접근할 수 있다.

언어는 흉내에서 시작되기 때문에 표준어를 흉내 내는 방법이 가장 좋은 훈련 방법이다.

그와 함께 볼펜이나 나무젓가락 또는 시중에서 파는 입에 물고 연습하는 스틱 등을 활용하는 방법도 있다. 혀 짧은 소리를 내는 대부분의 사람들이 어려서 발음 습관을 잘못 들인 탓인데, 이런 스틱이나 기구를 이용하면 발음을 초기화시켜 주는 효과가 있다. 혀 짧은 소리를 내는 사람들을 포함해 새로운 발음을 익히려는 사람들에게 도움이 되는 건 분명하다. 다만 고착된 습관을 고치는 것보다 새로운 습관을 들이는 것이 훨씬 빠르고 효과적이다.

.✓ 사투리는 고쳐야 할 대상이 아니다.

.✓ 만일 표준어를 구사하고 싶다면 표준어를 새로 배운다는 생각으로 접근하자.

단순하게 살기

긴 대본은 어떻게 외울까

1995년 1월 10일, 신생 방송사였던 서울방송 SBS가 사활을 걸고 광복 50주년 특별 기획으로 방영했던 24부작 드라마 〈모래시계〉가 세상에 나왔다. 이 드라마는 월요일에서 목요일까지 본방송을, 목요일부터 일요일까지는 재방송을 내보내는 승부수를 던지며 평균 시청률 46퍼센트를 기록했다. 드라마를 보기 위해 본방송이 있는 날은 사람들이 회식과 약속을 잡지 않고 일찍 들어가는 진귀한 현상 탓에 모래시계가 아닌 '귀가 시계'라는 말이 나오기도 했다.

당시만 해도 '드라마 왕국'이라는 칭호를 듣던 MBC에서 〈여명의 눈동자〉를 성공시켰던 (안타까운 죽음으로 이제는 고인이 된) 김종학 PD와 송지나 작가를 삼고초려 끝에 모셔왔던 SBS는 MBC의 간판이었던 최민수, 박상원 두 배우마저 데려갔고, 결국 그 둘은 순

말할 수 있는 비밀

간 시청률 74.4퍼센트를 기록했던 명장면을 연기하게 된다. 바로 주인공 태수(최민수)가 검사가 된 친구 우석(박상원)에게 형장의 이슬로 사라지기 직전 어렵게 한마디를 건네던 순간이었다.

"나, 지금 떨고 있냐?"

한류 드라마로 통칭되는 우리 드라마의 수많은 명장면 속에서도 〈모래시계〉의 이 장면은 배경음악으로 쓰였던 러시아 유명 가수 이오시프 코브존Iosif Kobzon 의 '백학'이란 곡과 더불어 (방송에서는 저작권 문제로 원곡을 리메이크한 '이연'이란 곡이 쓰였다.) 내가 기억하는 최고의 드라마 속 명장면 명대사로 기억되고 있다.

좋은 영화와 드라마는 명장면과 명대사를 남긴다. 때론 그 장면을 보면 떠오르는 대사가 있기도 하고, 그 대사를 들으면 그 장면이 떠오르기도 하는데, 이는 우리가 '동영상'식 기억이 아닌 사진이나 그림과 같은 '이미지'식 기억을 하기 때문이다. 인간의 기억 현상에 대한 대표적인 이론 가운데 '기억의 정보 처리적 접근'에서는 인간의 기억 과정을 습득, 보유, 인출의 3단계로 나누고 있다.

기억 과정

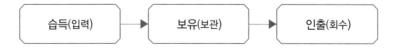

특히 보유의 단계는 조작이 쉽지 않기 때문에 기억을 잘하기 위

해서는 이미지화나 부호화를 잘하는 것이 중요하다고 이야기한다.
즉 우리 뇌는 가장 적은 에너지로 가장 높은 효율을 내기 위해 이
미지화라는 방법을 택하고 있는 것이 아닌가 싶다.

방송인들은 그 긴 대본을 어떻게 외울까?

"한준호 씨, 자리로 좀 오세요."

보통 보직 부장의 호출은 프로그램 대체 투입이나 신규 프로그
램 오디션, 또는 정부의 주요 행사나 타 부서 지원과 같은 일과 연
관이 있었기 때문에 이렇게 보직 부장에게 호출을 받으면 내심 기
대가 되었다.

"한준호 씨, 이번 방송대상 시상식에 최현정 씨와 MBC를 대표
해서 나갔으면 하는데, 다른 일정 겹치는 것 없지?"

조금 오래된 이야기지만, 내가 방송을 하던 시기에 가장 진행해
보고 싶었던 프로그램은 방송의 날 공식 행사인 '방송대상 시상식'
이었다. 매년 진행 방식이 조금씩 바뀌긴 하지만 〈제36회 방송대상
시상식〉은 KBS, MBC, SBS의 남녀 진행자가 1부, 2부, 3부를 나누
어 진행하는 방식이었다. 내 꿈이 이루어지던 날이었다.

지금도 그날을 생각하면 무대 뒤에서 각자 자신의 마이크를 들
고 사전 공연 소리를 흘려들으며 서 있던 순간의 긴장감과 성우가

소개하면서 무대가 열릴 때 선후배 방송인들의 모습에 가슴 설레던 느낌을 잊을 수가 없다. 그리고 그런 추억 때문인지 강의 시간에 이날의 대본과 장면들을 종종 활용하곤 한다.

제 36회 방송대상 시상식 대본 중

한준호, 최현정(MBC) MC석

한준호. 네, 공로상 수상을 진심으로 축하드립니다.
        한참 후배 된 입장에서 선배님들이 이뤄놓은 눈부신 업적을 본받아야
        되겠구나 하는 생각이 절로 드는 시간이었습니다.

최현정. 이런 분들이 계시기 때문에 현재 방송을 만드는 저희들과, 또 앞으로
        한국방송을 이끌어 나갈 예비 방송인들이 계속해서 방송이란 꿈을
        꿀 수 있지 않나 생각이 듭니다.

한준호. 생방송으로 진행되고 있는 〈제 36회 한국방송 대상 시상식〉,
        이제 잠시 쉬어가는 의미에서 축하공연을 준비했습니다.

최현정. 네, 노래 참 잘하는 분들이죠. SG워너비의 무댑니다.
        여러분! 큰 박수로 환영해 주십시오.

27. 축하공연

(m) 라라라 + 사랑해 · SG워너비

"여기 보이는 자료는 제가 사용했던 대본입니다. 프로그램에 따라서 대본의 양은 차이가 크지만, 이런 대본을 수십 장 받아서 진행한다면 어떻게 외워야 할까요? 두 사람이 한 번씩 읽어볼까요?"

이 대본을 읽혀보면 조금씩 긴장은 하지만 대부분 잘 소화해낸다. 그러나 "잘 읽었습니다. 자, 이제 대본을 보지 말고 조금 전에 했던 대사로 진행을 해볼까요?" 하는 순간 '지적을 받고 읽은 것도 억울한데 왜 나한테 이런 것까지 시키지'라는 반응이다.

"그럼 두 사람에게 다시 질문하겠습니다. 첫 번째 '한준호'로 되어 있는 대사를 한마디로 줄이면 어떻게 될까요? 남학생?"

대부분의 학생들은 이를 '(공로상 수상을) 축하드립니다'로 잘 줄인다.

"잘했습니다. 그럼 여학생은 '최현정' 씨의 대사를 어떻게 한마디로 줄일 수 있을까요?"

사실 이 대사를 줄이는 것이 어렵다. 전체 맥락을 보지 않고, 내가 질문하는 순간 '최현정' 씨의 대사에 오롯이 집중하고 있기 때문이다.

"어렵죠? 그냥 '저도 축하드립니다'입니다. 이런 식으로 줄이면 대사가 이렇게 오고 가겠죠."

(한준호) 공로상 수상 축하드립니다.
(최현정) 저도요.
(한준호) 축하 공연이 있죠?
(최현정) SG워너비입니다.

긴 대본을 볼 때 하나하나 읽고 외우려 하다 보면 상대의 이야기를 잘 들을 수 없고, 이로 인해 갑작스러운 상대의 애드리브에 당황해서 흐름을 놓치게 된다. 긴 대본을 숙지하는 좋은 방법은 자신의 순서와 놓쳐서는 안 되는 단어만 형광펜으로 표기해놓고, 큐 카드를 하나씩 이미지화해두는 것이다.

✓ 방송인들은 긴 대본을 외우는 것이 아니라 이미지화한다. 순서와 핵심 단어를 연결하는 방식으로, 문장을 외우는 부담을 없앨 수 있다.

1 + 0 = ?

언어의 논리

수학과 재학 중일 때였다. '집합론set theory'이라는 수업 개강일에 아직 안면도 제대로 익히지 못한 교수님으로부터 "1+0은 얼마지?"라는 다소 황당한 질문을 받은 적이 있다. 당연히 답은 '1'이었다. 학생들을 향한 교수님의 질문은 계속 이어졌다.

"그럼 다시 질문을 해보자. '1+0=1+0+0+0+0+……'과 같이 '0'이 무한대로 이어질 수 있을까?"

이 역시 우리에겐 당연했다. 그리고 수수께끼 같은 질문이 한 번더 이어졌다.

"그렇다면 마지막 질문을 하나 더 해보자. '0=(1-1)'일까?"

우리가 아는 산수의 범위에서는 이 역시 맞지만, 머릿속은 점점더 복잡해져만 갔다. '도대체 우리에게 저런 질문을 왜 하시지?'라거

말할 수 있는 비밀

나 '내게 증명을 시키시는 것은 아니겠지?'와 같은 불안이 엄습했다.

"그럼 이제 증명을 해보자. 과연 '1+0=1'인지. 위에서 확인한 세 가지 질문을 가지고 다음과 같이 전개해볼게."

교수님은 어안이 벙벙하거나 때론 눈을 번뜩이며 질문과 대답 중 허점을 찾으려는 학생들 사이에서 싱글벙글하시며 아래와 같이 증명을 해나가셨다.

(첫 번째) 너희들의 말대로 이렇게 전개되겠지?

$1+0=1+0+0+0+0+0+0+\cdots$

$=1+(1-1)+(1-1)+(1-1)+(1-1)+(1-1)+(1-1)+\cdots$

(두 번째) 실수의 공리에 의한 결합 법칙 $(a+(b+c)=(a+b)+c)$를 이용하면,

$1+(1-1)+(1-1)+(1-1)+(1-1)+(1-1)+(1-1)+\cdots$

$=(1+1)+(-1+1)+(-1+1)+(-1+1)+(-1+1)+(-1+1)+\cdots$

$=(2)+0+0+0+0+0+\cdots$

$=2+0=2$

(세 번째) 따라서 답은 다음과 같다.

$1+0=2$

"자~ 이제 내 말에 반박해볼 사람 손 들어봐!"

'이게 뭐지?'

물론 답은 1이 맞지만, 답이 2라고 주장하고 있는데도 모두 잠시 멍하니 칠판만 바라봤던 기억이 있다. 물론 얼마 안 되어 이 과정은 잘못되었음이 학생들에 의해 증명되었지만, 논리에 관심이 많은 사람이 아니고는 반박이 쉽지 않았을 것이다. 언어도 그렇다. 분명히 잘못된 것을 알긴 하지만 논리적 반박이 어려운 경우들이 생기는데, 누군가 답을 내고자 하는 값으로 '반박할 수 없는 거짓 논리'를 만들 수도 있기 때문이다.

언어의 논리란 무엇일까?

어려서부터 '논리적으로 말해라', '언어는 논리가 중요하다' 등을 들었다. 그냥 평소에 하는 말에 왜 그 어려운 '논리'를 붙여 괴롭히는지 궁금했을 것이다. 그런데 언어가 논리적이지 못하면 우리가 살면서 직면하는 수많은 면접, 발표, 질의응답, 일반적인 설명 등에서 어려움을 겪게 된다.

한번은 아들이 "아빠, 대학에서 수학을 전공하면 힘들어요?"라고 질문했다. 좀 엉뚱한 아들의 뜬금없는 질문이었다.

"아들, 너는 학교에서 제일 어려운 과목이 뭐지?"

"영어와 수학인데요."

아들이 멋쩍은지 웃으며 대답했다.

"서윤아! 대학에서 수학과를 가면 수학을 영어로 배운단다."

그 말에 아들은 웃으며 "절대 가면 안 되겠네요"라는 것이 아닌가. 좀 엇나간 이야기지만, 언어학도 어렵고 논리학도 어려운데 언어의 논리라니, 그냥 두 단어의 조합이 수학을 영어로 배우는 것만큼이나 어렵게 느껴진다.

우선 '논리論理'라는 단어를 살펴보자. 우리 조상들은 우주 자체에도 어떤 이치理致가 있다고 믿었다. 그래서 보편적인 이치를 천리天理라 했고, 땅의 이치는 지리地理, 물질 운동의 이치는 물리物理, 마음 움직임의 이치는 심리心理라 했다. 한때 조선을 지배했던 사상인 성리학性理學에서는 인간의 본성에는 어떤 일정한 이치 또는 논리가 있다고 생각했는데, 여기서 '논리論理'란 '논論'함의 '이치理致'이며, '논論'이라는 한자를 분리해보면 '말言'과 '생각하다侖'의 합성으로 '말하다', '생각하다', '의논하다'라는 의미를 담고 있다. 그래서 논리라는 말을 그대로 풀어보면 '말함의 이치', '생각함의 이치', '의논함의 이치'를 뜻한다.

이러한 많은 의미를 '논리'라는 단어가 담고 있다 보니, '언어의 논리'를 직역한 'linguistic logic'이라는 영어 단어 속의 'logic'만으로는 우리가 말하는 '논리'라는 단어를 설명하기 어려운 것이다.

언어의 논리 이야기를 조금 길게 풀었지만, 쉽게 말해 언어의 논리란 '생각하며 말하는 것'을 의미한다. 그렇다 보니 '듣고, 생각하고, 말한다'는 구성 단계만 이해한다면 누구나 쉽게 논리적 언어 구성을 할 수 있는 것이 아닐까 싶다.

논리적 말하기 3단계

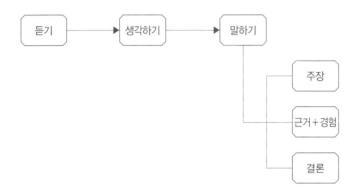

"아빠, 저 오늘 토론 대회 예선 통과했어요!"

장대비가 쏟아지던 날 집에 막 들어서는데, 큰아들이 뒤따라 들어오며 젖은 양말을 벗어 들고 자랑스러운 듯 활짝 웃었다.

"그래? 무슨 주제로 토론을 했는데?"

평소 발표에 소질이 있다고는 생각 못 했는데, 토론 대회를 스스로 나가 예선까지 통과했다는 말이 내심 놀라웠지만 '어떤 내용의 토론이었을까' 하는 궁금증이 앞섰다.

"아, '다수를 위한 소수의 희생은 정당한가?'라는 주제였어요. 우선, 개인의 인권은 중요하다고 이야기하잖아요? 그런데 주제를 잘 듣고 생각해보니 개인이 모여 다수가 되고, 그 개인들이 또 다른 의

말할 수 있는 비밀

견의 다수가 될 수 있기 때문에 한때는 다수였던 누군가는 또 소수가 되겠죠? 그래서 개인의 인권 존중 차원에서 소수의 희생이 정당화되어서는 안 된다는 식으로 주장했어요."

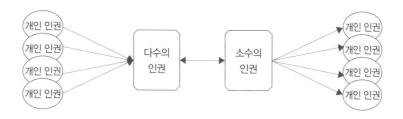

아들이 받아든 주제와 동일한 제목의 책 『다수를 위한 소수의 희생은 정당한가?』에서도 결국 인권이 답이라는 해석을 내놓았지만, 그런 책을 읽어봤을 리가 만무한 아들을 보며 '이 녀석이 많이 컸구나' 하는 생각과 함께 '다수'라는 정의를 이미지로 해석해 논리를 펼친 부분이 제법 창의적으로 느껴졌다.

↗ 언어의 논리는 생각하며 말하는 것을 의미한다. 따라서 논
   리적 언어의 구성은 상대의 말을 잘 듣고, 생각하고, 신중
   하게 말하는 절차만으로 완성할 수 있다.

무위無爲가 유위有爲를 이긴다

긴장감 낮추는 방법

중국의 고대 사상가이며 도가道家의 시조인 노자가 이야기하는 '무위자연無爲自然'이라는 말을 무척 좋아한다. 무위자연이란 꾸밈이 없이 자연의 순리에 따라 삶을 살아간다는 말로 이해되는데, 여기서 무위無爲는 유위有爲 또는 인위人爲의 반대 개념으로 해석된다. 인위는 의도적으로 만들고 강요하여 그것을 지키면 선善이고, 그렇지 않으면 악惡으로 간주하는 개념이다. 물론 철학을 논하려는 것은 아니다. 다만 언어에 있어 무위의 중요성을 이야기하고 싶어서다. 스피치에 대해 이야기하는 많은 사람들은 좋은 스피치를 위해 이럴 땐 어떻게 하고 저럴 땐 어떻게 하라는 식의 방법론을 강조하곤 한다. 하지만 가장 좋은 스피치는 기술적으로 포장하는 것이 아닌 자연스러움에 있다고 생각한다. 아나운서 초년생 시절, 나는 나 자신을 멋스

말할 수 있는 비밀

럽게 포장하기 위해 많은 노력을 기울였다. 그 결과가 항상 좋았던 것도 나빴던 것도 아니지만, 세월이 지나며 인위적인 자세보다 전달하고자 하는 마음의 자세가 더 중요하다는 것을 깨닫게 되었다.

긴장감에서 자유로울 수는 없을까?

"한준호 씨~!!!"

주조(주조종실)와 앵커 간의 소통을 위한 인터컴 시스템intercom system인 인이어in-ear 이어폰을 통해 주조 PD의 외침이 들려왔다. 흔히 뉴스 앵커는 프롬프터prompter를 통해 뉴스 원고 중 세 줄 정도를 도움받는다. 프롬프터를 사용하게 되면 뉴스의 순서가 뒤엉키는 사고를 방지할 수 있고, 앵커 입장에서는 자료 화면이 나가기 전까지 시청자와 아이컨텍eye contact을 할 수 있어서 안정적 진행이 가능하다는 장점이 있다. 그런데 신입 사원으로 일요일 새벽 5시에 진행하던 뉴스에서는 프롬프터 없이 단신으로 처리된 일고여덟 개 정도의 뉴스를 전달해야 했다. 낮은 시청률에 비해 부담이 큰 프로그램이었다.

"한준호 씨, 다섯 번째 단신 빼먹었잖아!"

다급하면서도 화가 난 주조 PD 선배의 목소리에 나도 모르게 뉴스 중 "네?"라고 대답을 했고, 잠시 생방송 중 '얼음'이 되어버렸다. 화면 볼 틈도 없이 원고만 읽다 실수로 두 장의 원고가 한꺼번에 넘어갔고, 그 바람에 내가 읽는 내용과 자료 화면이 엉켜버린 것이다. 손쓸 틈 없이 그렇게 내용과 화면이 뒤엉킨 채 방송은 끝났고, 돌이키고 싶지 않을 정도로 한동안 많은 핀잔을 들어야 했다. 아마도 요즘과 같이 SNS가 발달한 시기였다면 두고두고 회자가 되었을 텐데, 그나마 나만의 기억으로 남아 있는 것이 얼마나 다행인지 모르겠다.

방송인들의 경우 그 직업을 천직으로 삼을 만큼 타고난 사람들이 많은 반면, 간혹 나와 같이 하나하나 만들어가야 하는 방송인도 있다. 그래서인지 개인적으로는 초년 시절 무대 공포증을 이겨내는 것이 무척 힘들었다. 남들에 비해 큰 키 때문에 무대 위에 올라 서서 진행하는 경우가 많았던 탓인지도 모르겠다. 입사 후 데뷔 무대가 강릉에서 열렸던 '제1회 대한민국 음악 축제' 중 '록 페스티벌'이었는데, 일주일간의 무대 진행은 자신감을 심어주기보다 수천 명 앞에 서는 게 얼마나 떨리는지에 대한 '무대 공포증'을 먼저 알게 해주었다.

"준호 씨, 이 책 한번 읽어봐요."

숙직을 하던 어느 날, 저녁을 먹으며 무대 공포증에 대한 고민을 들어주던 선배가 '발성법'에 관한 책을 건네주었다. 호주머니에 들어갈 정도로 얇은 책은 외국 서적의 직역 흔적들이 많았지만, 발성법

말할 수 있는 비밀

이란 주제와 다르게 호흡의 중요성에 대해 주로 다루고 있었다. 그리고 우연히 건네받은 그 책은 내가 기존에 가지고 있던 방송 역량에 대한 문제의식이 중요한 것이 아니라, 나의 마음가짐에 문제가 있다는 것을 깨닫게 해주었다.

책을 통해 깨달은 복식호흡 방법은 개인적으로 크게 두 가지 용도로 활용했다. 첫째는 잘 알려진 대로 전달력을 높이는 용도다. 항상 말하기 전에 호흡을 담아두라는 이야기를 하는데, 가수들이 노래 중간에 '습~' 하며 숨을 들이마시는 이유와 같다. 순간적으로 복식호흡을 통해 숨을 담아서 다음 가사에 힘을 실어주는 용도인데, 말을 할 때도 노래할 때와 마찬가지로 숨을 담아두어야 호흡이 끊기지 않고 전달력이 높아진다. 그리고 또 다른 하나는 긴장감을 떨어뜨리기 위한 용도다. 큰 무대에 서기 전 나는 호흡을 가다듬으며 긴장을 늦추는 습관이 있는데, 그때 이 복식호흡을 활용한다. 수업 중 우스갯소리로 복식호흡의 목적은 공중 부양이 아니라고 강조한다. 가끔 단전으로 착각해 가부좌를 틀고 앉아 바른 자세로 진행해야 한다고 생각하는 경우가 있는데, 복식호흡은 단순하게는 숨을 담아두는 것으로 일상생활에서 활용하기 때문에 정해진 장소나 특별한 자세가 필요한 것이 아니다.

복식호흡 연습 4단계

숨 쉬는 방법을 조금 바꿔보자.

1단계: 숨 깊이 들이마시기

입을 살짝 열고 코로 깊이 숨을 들이마신다. (3초간 참았다 모두 뱉는다.)

2단계: 배 내밀기

1단계를 통해 들어온 숨을 배를 내밀어 밑으로 떨어뜨린다. (숨이 떨어지는 느낌이 들면 3초간 참았다 뱉는다.)

3단계: 실 뽑기

숨을 들이마시고 배로 떨어뜨려 3초간 참은 후 입으로 길게 실을 뽑듯 천천히 내쉰다. (배의 공기를 모두 빼준다.)

4단계: 4회 반복하기

3단계를 천천히 4회 반복한다.

얼마 전 벤처기업 창업자들을 대상으로 하는 멘토링 수업에서 가장 많이 받은 질문은 투자자를 위한 기업 설명회인 IR에서 '어떻게 하면 떨지 않고 발표할 수 있을까'와 '어떻게 하면 발표를 잘할 수 있을까'였다.

스피치에 있어서 중요한 것은 첫째도 마음가짐, 둘째도 마음가짐, 셋째도 마음가짐이다. 그렇기 때문에 스피치의 기술적인 부분들만 익혀 그럴듯하게 보이는 것보다는 자신의 느낌을 최대한 살려 전달하는 것이 더 중요하다. 준비한 것을 전달하기 전에 복식호흡을 통해 긴장을 떨어뜨리고, 마음을 가다듬으며 자신만의 발표를

말할 수 있는 비밀

완성해가면 좋겠다.

∴ 긴장감은 복식호흡을 통해 다스릴 수 있다.

∴ 스피치에 있어서 중요한 것은 마음가짐이다. 자신의 느낌
을 최대한 살려서 전달하는 것이 중요하다.

눈으로 하는 스피치

시선 처리 방법

스피치에 대해 이야기하는 나는 아직도 이 분야에 대해 잘 안다고 자부하지 못한다. 분명 나는 수줍음이 많고, 사교적인 면에서 능동적이지 못하며, 말수가 적다. 말을 잘한다는 것과 말을 많이 한다는 것에 혼동이 있을지도 모르겠지만, 말을 잘한다는 의미를 나는 '전달을 잘한다'로 해석한다. 내가 수학이라는 이과적 학문을 전공해서가 아니라, 말이란 때로 자신에게 칼날이 되어 돌아올 수 있는 만큼 필요한 양을 사용해야 한다고 믿는다.

특히 개인의 스피치 훈련에 있어서 '가갸거겨' 하는 식의 볼펜이나 나무젓가락을 입에 물고 하는 훈련에 대해 개인적으로 큰 의미를 부여하지 않는 것도 스피치 훈련에서 가장 중요한 것은 '전달력'과 '개성'이라고 보기 때문이다. 이 책을 읽는 독자들이 규격화된 목소리와 스피치보다 자신만의 목소리와 스피치 방법을 찾기 바란다.

국회를 오가며 재능 기부 형태의 수업을 하고 있던 시기에 한 지인으로부터 강원도 출신의 초선 의원 한 분을 소개받게 되었다. 공무원 출신으로 재정 분야 전문가로서 영입된 분이었는데, 팔과 어깨 등이 운동을 많이 한 듯 단단한 느낌을 주었다. 그리고 많이는 아니었지만 발음과 발음 사이에 표준어와 섞여버린 사투리 습관이 조금 남아 있었다.

"저희 의원님께서 이론적인 것은 강하신데, 워낙 소리가 약하시고, 사람들 앞에 나서면 아직은 좀 떨려 하시는 것 같아요."

사실 이런 문제들은 연단에 서는 모든 사람에게 나타나는 문제이기도 하고, 약간의 경험만 생기면 쉽게 극복되는 문제라 어려운 과제는 아니었다. 다만 전달력을 키우는 문제는 조금 달랐다.

"의원님, 저와 수업을 하는 것이 아닙니다. 그냥 차 한잔하며 어려운 것들을 편하게 말씀해주시면, 저도 제 경험을 토대로 말씀을 드리겠습니다."

내가 진행하는 대부분의 수업이 그렇지만 "아~ 해보세요"라거나 "가, 갸, 거, 겨 해보세요" 같은 수업은 가급적 지양한다. 평생 말을 하며 살아온 우리 모두는 언어의 전문가다. 다만 대중 앞에서 구사하는 언어의 방식이 조금 다를 뿐이라 차이를 알려주고, 그 차이를 극복하기 위한 최소한의 방식을 가르쳐준다. 그래서 나는 스피치 수업을 '컨설팅'이라고 부른다.

수업을 진행하며 자신의 소리 찾기를 할 때 참여하는 분들에게 소리가 보이냐는 질문을 하는 경우가 있다. 그런데 신기하게도 서너 번의 수업을 진행했을 때 대부분 소리가 보인다는 것이 무엇인지 알겠다는 답변을 한다. 소리는 분명 물리력을 갖고 있으며, 중량도 갖고 있다고 믿게 된다. 그 느낌을 경험하면 자신의 소리를 입의 어느 위치에서 찾아야 하는지도 알 수 있다. 자신의 소리를 보고 싶은 분들은 이 책의 '남의 목소리가 들려'에서 소개한 발성 연습법과 '스피치ist의 꿈'에서 소개할 '밀어 읽기', '단어 강조하기' 방법을 꾸준히 연습해보기 바란다.

✓ 평생 말을 하며 살아온 우리 모두는 언어의 전문가다.
✓ 말하기 수업은 토론을 통해 그간의 습관을 조금 다듬는 과정이다.

> 대화할 때 시선 처리는 어떻게 하면 좋을까?
> 서로 부담스럽지 않은 시선 처리 방법이 있을까?

"의원님께서는 누군가와 단둘이 마주 보고 있을 때 상대의 어디

말할 수 있는 비밀

를 보십니까?"

"저요? 음…… 눈을 보는 것 같습니다."

사실 이 질문에 내가 만난 사람들 대부분은 '눈'이라고 답했다. 그런데 내 생각이 절대적이라 할 수 없지만, 상대와 눈을 마주치며 이야기를 하는 경우는 사랑하는 (그것도 아직 불이 꺼지지 않은) 연인 사이이거나, 싸워야 하는 상대에게 기가 꺾이지 않을 때 정도이지 싶다.

"의원님, 저와 서로 눈을 바라보며 대화를 한번 해보시죠."

순간, 방 안에 웃음이 번졌다.

"굉장히 어색하네요."

서로가 눈을 바라보며 대화를 시작하기도 전에, 눈이 마주치는 순간 민망하게 된 것이다.

눈을 바라보며 하는 대화는 사실 난도가 높은 말하기 기술이다. 특히 눈은 대화할 때 목소리보다 더 굉장한 무기가 된다. 표정이나 말에서 상대의 생각을 느낄 때보다 눈빛에 실린 상대의 생각이 읽힐 때 가끔 전율이 일기도 하니까 말이다.

"오늘 무대에 올라와 인터뷰하시는 분들에게서 어느 정도의 이야기를 끌어내야 할까요?"

백혈병 환우들을 돕는 재단의 홍보 대사를 하고 있을 때였다. 성인 백혈병을 이겨낸 환우와 환우 가족들이 초청되어 무대 위로 올라왔다. 그분들과 인터뷰를 하기 전 재단 측에 확인하고 싶었던 것은 '이분들을 왜 무대 위에 모셨는지'에 대한 목적이었다. 완치 사례로 다른 분들에게 힘을 주기 위해서인지, 아니면 이분들의 이야기를 통해 더 많은 골수 기증을 유도하려는 것인지는 인터뷰를 하기 전 진행자가 반드시 생각해야 하는 부분이었다. 그런데 재단 측에서 이분들을 초청한 것은 기증 예정자들과 기증의 중요성을 공유하기 위해서라고 설명했다. 그들이 겪은 고통은 치유 기간이 길어서 힘들었던 것보다 병을 앓고 있는 자신의 가족에게 맞는 골수가 찾아지지 않을 수도 있다는 불안감에서 기인했다. 결국 나는 그 짧은 인터뷰 시간 동안 환우나 환우 가족으로부터 그동안 겪은 감정이 압축적으로 올라올 수 있도록 해야 했다.

무대 위에서 초대된 환우 가족들과 이야기를 이어가던 순간, 백혈병을 앓았던 남편과 함께 올라온 젊은 아내의 모습이 보였고, 눈이 마주쳤다. "○○○ 씨 아내분" 하고 말을 건넨 나는, 그 아내분의 눈을 잠시 바라보다 수 초간 말을 멈췄다. 그리고 "많이 힘드셨죠?"라는 진심 어린 위로의 말을 건넸다. 내 질문은 사실 질문이 아닌 공감이었던 것 같다. 그 질문에 젊은 아내분은 한참 눈물을 흘리다 이내 남편을 끌어안았다. 그 젊은 아내를 바라보던 내 눈빛에는 내 가족사로 인한 동질감이 묻어 있었다. 아버지의 직업으로 인해 우리 가족은 중학교 전까지 뿔뿔이 흩어져 살아야 했고, 대학 시절 어머니마저 집을 나가셨었다. 다시 돌아오신 어머니는 2013년 여름,

말할 수 있는 비밀

나와 함께 있던 중에 갑작스러운 심장마비로 가족들과 인사도 없이 세상을 떠나셨다. 나는 그 젊은 아내의 모습에서 잠시 가족을 잃는 슬픔을 떠올렸고, 아픔에 공감했다. 그리고 그 공감이 내 시선과 잠시의 침묵을 통해 전달되었으리라 생각한다.

"의원님! 대화하려는 상대와 마주할 때는 상대의 인중을 바라보세요. 그렇다고 너무 뚫어져라 보게 되면 '뭐가 묻었나?' 할 수 있으니, 인중을 바라보되 그 방향으로 시선만 던지셔야지 뚫어져라 보지는 마세요."

상대를 눈으로 설득해야 하는 난도 높은 대화가 아닌 일반적인 대화에서는 인중으로 시선을 던지기만 해도 상대가 본인의 이야기에 집중하고 있다는 느낌을 받을 수 있다. 나는 이것을 여러 경험을 통해 깨달았다. 대화하는 상대에게 집중하는 모습으로 보이되 직접 눈이 마주치는 것을 피해주는 것이 서로를 위한 대화의 예절이라 생각한다.

✒ 눈을 바라보며 하는 대화는 난도 높은 대화의 기술이다.
✒ 대화하려는 상대와 마주할 때는 상대의 인중을 바라보되
  그 방향으로 시선만 던지자.

스피치? 기술이 아니다!

전달자의 자세

IT 사관학교라 불리던 모 통신사 연구원을 시작으로, 금융 기관, 그리고 MBC 문화방송까지 어느덧 직장인으로 19년을 살아왔다. 특히 이명박 정권 초기 '미디어법 파업'을 기점으로 시작되었던 노동조합 집행부 생활은 아나운서라는 직업을 더 이상 유지할 수 없게 만들었다. 애착을 가지고 있었던 〈쇼바이벌〉, 〈퀴즈마스터〉, 〈닥터스〉 등의 프로그램들과 이별하며 아나운서라는 직업인이 아니라 그토록 피하고자 했던 직장인의 길을 걷게 되었다. 그런데 스피치에 대한 관심은 이렇게 방송을 놓고부터 시작되었다. 방송에 대한 애정을 풀어낼 곳이 없었던 나는 주변으로부터 스피치에 대한 문의가 들어오면, 가급적 그 열정만 보고 재능기부를 했다. 그리고 나 스스로도 그동안 쉽게 넘어가던 '스피치란 무엇인가'에 대한 답을 달아

말할 수 있는 비밀

가기 시작했다.

콘텐츠진흥원의 연예 기획사 연습생들을 대상으로 하는 소양 교육을 수년째 진행하면서, 아직 어린 학생의 티도 채 벗지 못한 가수 지망생들이 무대 위에 올라가 한 곡의 노래를 부르기 위해 얼마나 피나는 노력을 하는지 지켜보며 많은 반성을 했던 기억이 있다. 연설이나 노래나 모두 남의 시선을 의식해야 하는 작업이다. 그 시선 속에서 만족스러운 자신의 모습을 찾기가 쉽지 않다. 그렇다면 연설, 발표를 잘하기 위해 스피치 학원에 다녀야만 하는 것일까? 꼭 전문가에게 교육을 받아야만 좋은 연설을 할 수 있을까? 다년간의 경험을 통한 내 대답은 'No'다.

목소리가 작거나 말이 빨라서
전달이 잘 안 되는 것 같다면?

"준호야, 혹시 ○○○ 의원님 알아?"

2014년 봄, 당시 19대 국회의원으로 당선된 한 초선 의원의 보좌관을 맡고 있던 친구에게 전화가 왔다.

"혹시 괜찮으면 우리 의원님 스피치 좀 봐줄 수 있을까?"

내게 국회는 MBC 파업 때문에 우리의 목소리를 전달하기 위해 찾아가던 곳이었지 그리 친근한 곳은 아니었다.

"괜찮기는 한데, 내가 의원 스피치는 경험이 없어서 잘할 수 있으려나 모르겠네. 우선 만나보고 결정하자."

노동조합 집행부 경력으로 방송에서 제외되어 타 부서에 나가 있던 시절, 나 스스로를 단련할 기회도 필요했기에 한번 해보자는 생각이 들었다. 국회에서의 재능 기부는 그렇게 우연히 시작되었다.

친구의 소개로 국회에서 처음 만난 분은 초선의 여성 의원이었다. 젊은 시절 오랜 투옥 생활 때문인지 목소리가 상해 있었고, 톤이 높았다. 첫 만남이기도 했지만, 살짝 드는 긴장감에는 국회의원실이라는 장소가 주는 압박도 한몫하는 듯했다.

"제가 목소리가 작고 말이 좀 빨라서 국회에서 질의할 때 전달이 잘 안 되는 것 같아요. 혹시 고칠 수 있을까요?"

사실 고민이 컸다. 이미 중년을 넘어선 나이의 목소리를 어떻게 바꿀 수 있을까? 엄밀히 말하면 소리는 바꿀 수 있다. 하지만 소리를 내는 목도 근육으로 이루어져 있어 그 근육을 단련하고 유지하는 데만도 지속적인 노력이 필요하다. 바쁜 의정 활동을 쪼개 그 노력을 할 수 있을까? 이후에도 국회에서 의원들 또는 보좌진들과 수업을 진행한 적이 있는데, 다들 의욕은 많았지만 그에 대한 별도의 노력을 하기는 어렵다는 결론을 내렸다. 성인의 스피치 교육은 그런 점에서 더욱 현실적이어야 한다. 당시에는 내게 요청한 것이 목소리를 바꿔달라는 것이 아닌 전달이 잘될 수 있게 해달라는 것이었고, 나도 고민해봤던 문제였기에 한번 도전해보기로 했다.

말할 수 있는 비밀 《

"한준호~! 이리 와봐."

아나운서로 입사한 초창기 나는 아직 평범한 직장인의 티를 벗지 못했다. 주말 아침 뉴스를 마치고 아나운서국에 들어서는 순간, 그런 나를 주말 숙직을 하고 있던 김성주 선배가 불러 세우는 게 아닌가. TV에서 보는 김성주라는 사람의 이미지는 선하고 친근하지만, 사실 성주 선배는 후배들에게는 말수가 적고 엄한 군기 반장이었다. 그런 성주 선배가 불러 세웠기에 틀림없이 무언가 한 소리 들을 것이 분명했다.

"네, 선배님."

"내가 모니터 잘 안 해주는데, 너는 좀 안쓰러워서 몇 가지 알려 줄 테니까 의자 가지고 이리 와봐."

뜻밖이었다. 성주 선배는 아나운서국에서도 모니터를 철저히 하고, 방송 준비에 남들보다 많은 시간을 쏟는 사람이었다. 당시 〈화제집중〉이라는 프로그램을 통해 대중에게 인지도가 높은 사람이었는데, 갑자기 내게 개별 지도라니.

"넌 뉴스에서 가장 중요한 게 뭐라고 생각해?"

"팩트 fact 아닐까요?"

너무도 기본적인 질문이었지만, 1년간 뉴스를 진행하며 한 번도 그 질문에 대해 생각해본 적이 없었다.

"팩트는 이미 데스크에서 확인하잖아. 전달하는 앵커에게는 전달력이 중요하지."

지금도 나는 스피치에 있어 가장 중요한 것은 '듣는 것'과 '전달'이라고 이야기한다. 그런데 그날 선배가 이야기했던 '전달'은 그 의미를 더 명확하게 해주었다. 즉 뉴스의 '전달'은 전달자도 그 내용에 대해 시청자와 함께 궁금해하고 이해하려 노력하는 '자세'를 의미했다. '이러이러한 내용입니다'라고 툭 던지는 것이 아니라, 물건을 손에서 손으로 전달하듯 세심한 노력이 필요하다는 논지였다.

내가 그날 성주 선배에게서 배운 것은 이후 내 방송 인생에 큰 영향을 미쳤고, 그동안 푸석거리던 내 방송을 획기적으로 바꾸어 놓았다. 지금도 내가 성주 선배를 높게 사는 이유는 그가 어떤 방송인보다 프로그램을 이해하려는 노력이나 자신을 갈고닦는 데 들이는 시간이 적지 않음을 알기 때문이다.

"의원님 '전달'을 영어로 바꿔보면 첫째 'transfer', 둘째 'deliver', 셋째 'send' 이렇게 세 단어로 좁혀볼 수 있는데요, 그중 저희가 해야 할 것은 'deliver'라는 단어에 가깝습니다. 즉 배달이죠. 'deliver'는 상대가 받는 것을 확인해야 합니다. 그렇지 못하면 바닥에 툭 떨어지게 되죠. 다시 말해 언어의 전달은 상대가 받았는지 확인하고, 그다음 것을 'deliver' 하는 것입니다."

확실히 전달에서는 상대에게 '잘 전달하려는 자세'와 전달 후 '상대의 피드백을 잘 들으려는 자세'가 무척 중요하다. 특히 대중 연설에 있어서 '듣는 것이 무엇인가'에 대해 고민한 적이 있는데, 귀로 듣는 것만이 아니라 상대의 표정이나 태도도 들어야 한다는 작은 결론을 내렸다. 그리고 이렇게 상대를 설득하며 설명해야 하는 의정 활동에 있어서는 내가 배운 전달의 방법이 정확히 적용된다고 믿는다.

수업 대상 의원의 필리버스터 연설 일부

약자를 위한 정치에는 여당도 야당도 없고, 보수도 진보도 없다고 생각합니다. 오직 국민을 위해서 생각하고요, 박근혜 대통령도, 청와대에서 생각하는 국민과 제가 현장에서 직접 뵙는 국민이 다르다, 이렇게 다른데, 어떻게 하면 같이 살까, 이 생각 좀 합시다. 피를 토한다든가, 목덜미를 문다든가, 이런 날 선 표현들 말고 어떻게 하면 화해하고 함께할 수 있는지, 어떻게 하면 응원하고 격려할 수 있는지, 힘내게 할 수 있는지 생각했으면 좋겠다는 이야기를 끝으로 저의 필리버스터를 끝냅니다.

사실 나의 국회 첫 수업 대상이었던 그 의원은 바쁜 일정 탓에 끝까지 수업을 받지 못했다. 하지만 자신의 전달 방법을 바꾸고자 했던 노력 덕분인지 국정원의 권한을 강화하려던 박근혜 정부의 테러 방지법 국회 통과를 저지하기 위해 진행했던 필리버스터에서 열두 시간이라는 긴 시간 동안 논리적인 연설을 이어갔다. 마지막에 '약자를 위한 정치'라고 남긴 말은 지금도 뇌리에 강하게 남아 있다.

정치란 무엇이며, 누구를 위해 행해져야 하는가.

∴ 스피치에서 가장 중요한 것은 '전달'이며, 언어의 전달은
'deliver'다. 그러므로 전달자는 상대가 잘 받았는지 확인
하고, 그다음 것을 전달해야 한다.

말할 수 있는 비밀

멈춤의 미학

관성적인 말하기를 멈춰보자

"계속 페달을 밟아야 넘어지지 않지."

막내 아이에게 처음으로 자전거를 가르치던 날, 집 앞 학교 운동장에서 아이 자전거 뒤를 잡고 함께 뛰고 있었다.

"아빠, 넘어질 것 같아."

아이의 자전거 페달은 멈추면 넘어질세라 쉼 없이 돌아갔고, 나역시 땀이 송골송골 맺힐 정도로 자전거를 따라 뛰기 바빴다.

"아빠, 잘 잡고 있죠?"

앞만 보기 바쁜 아이가 연신 자신의 안전을 확인한다.

"그럼, 지성이 안 넘어지게 꽉 잡고 있지."

아이를 안심시키는 말과 함께 내 발은 멈추고, 조금 불안하지만손에서 자전거를 떠나보낸다. 아이를 키우다 보면, 자전거를 가르칠 때처럼 같이 뛰다 멈추고 떠나보내야 할 때가 온다. 내가 그렇게 부모의 곁을 떠나왔듯이.

　대학을 졸업하고 직장에 취업해 월급이라는 것에 길들여지며, 매월 월급으로 그 전달의 소비를 돌려 막는 일종의 '월급쟁이 관성'이 생겼다는 것을 직장 생활 18년 만에 깨달았다. 그리고 그 관성은 월급이라는 것에서 내가 절대 자유로워질 수 없는 것처럼 느껴지게 했다. 대학생을 대상으로 수업을 진행할 때 늘 '직장인'이 아닌 '직업인'이 되라는 말을 하는데, 이러한 관성에 빠지지 않기를 바라는 마음도 함께 담겨 있었던 것 같다. 달리던 마라톤 선수가 멈추면 다시 달릴 수 없듯이, 직장 생활을 하던 나는 그곳이 통신 회사이든 증권 유관 기관이든 언론사이든 멈추면 뒤처지고 낙오되며 다시는 달릴 수 없을 것이라 여긴 채 살아왔다. 그러던 어느 날, 달리던 것을 멈추었다. 아침 6시에 일어나 출근하던 것을 멈췄고, 의미 없이 차 한잔하며 떨던 수다를 멈췄고, 한 달에 한 번 정기적으로 가졌던 부서 저녁 자리도 멈췄다. 관성적인 모든 것을 멈추고 나니 가족들의 아침이 보였고, 저녁이 보였다. 내가 보였고, 회사의 후광이 아닌 나를 좋아해주는 사람들이 보였다.

　주역周易의 52번째 괘卦인 '중산간重山艮'은 첩첩이 쌓여 있는 형국을 뜻하는 것으로, '멈춤의 미학'을 제시하고 있다. 이렇게 중후한 산이 겹쳐 있는 모습의 간괘艮卦에 대해 공자는 "간지야 시지즉지

　　　　　　　　　　　　　　말할 수 있는 비밀

시행즉행艮止也 時止則止 時行則行"이라 했는데, 이때 간艮은 '그침'이다. 공자는 그쳐야 할 때는 멈추고, 일해야 할 때는 행동하라고 이야기한다. 2보 전진을 위한 1보 후퇴를 의미하는 '이퇴위진以退爲進'이란 말도 있다. 이는 양보를 이용해 공격의 목적을 이루는 것으로, 흔히 정치권에서 설전을 벌이다 한발 양보하며 다른 것을 얻을 때 사용하는 용어다. 그러므로 이퇴위진은 단순한 멈춤이 아니라 앞으로 가려는 힘을 가지고 있다고 할 수 있다.

　시중의 많은 글쓰기 책은 글을 잘 쓰는 방법에 관해 이야기한다. 스피치 영역은 글쓰기와 많은 부분 닮아 있기 때문에 이러한 책들이 분명 스피치에도 도움이 된다고 생각한다. 다만 스피치가 글쓰기와 크게 다른 점 하나는 멈춤을 이야기한다는 것이 아닐까. 이를 전문적으로는 '말이나 일하는 것을 잠시 멈추다'라는 의미의 영어 단어 'pause'를 사용해 '포즈'라는 용어로 부른다. '포즈'는 문장과 문장 사이에 쓰이기도 하고, 연설을 시작하기 전 청중과 눈을 마주치며 사용하기도 하며, 집중을 끌어낼 때 사용하기도 한다. 잠시 말을 멈추는 것이다. 이는 듣기 위해 말을 멈추는 것과는 또 달라서 연설 중 '포즈'를 사용하게 되면 청중도 함께 멈추게 된다. 글쓰기가 온전히 자기의 생각을 완성하고 상대에게 내놓는 것이라는 의미에서 글쓰기의 전달을 'send'라고 한다면, 스피치는 청중과 함께 만들어간다는 의미에서 스피치의 전달을 'deliver'라고 했다. 이때 '포즈'는 상대가 잘 전달받았는지 확인하는 과정으로 잠시 달리는 것을 멈추고 청중을 기다리는 방법이기도 하다.

최순실 게이트를 시작으로 박근혜 전 대통령 탄핵이 진행되던 2016년 11월이었다. 민중 총궐기 3차 촛불 집회 중 청년유니온이 준비한 '만민공동회'에서 마이크를 잡은 부산 사투리가 짙게 밴 중년 여성의 외침이 무척 인상적이었다.

나는 공무원한테 속고, 시장한테 속고, 국회의원한테 속고, 장관한테 속고, 대통령한테 속았습니다.

잘 알고 있었지만, 속 시원한 발언이었다. 잠시 호흡을 고르는 사이 나는 그분의 이야기에 더 깊이 빠져들었다.

정치인들한테 하도 놀아나서 그 곱던 얼굴이 이렇게 삭았습니다.

주변에서 웃음소리가 들렸다. 그리고 그분은 한 호흡 뒤 자신의 주장을 몰아붙였다.

정치인들은 국민이 겪고 있는 고통을 아무것도 모릅니다. 꼭 부탁드립니다. 앞으로 거짓말 안 하는 사람, 우리 어려운 사람

말할 수 있는 비밀

을 대변해줄 수 있는 사람, 그런 사람을 꼭 뽑으십시오.

마지막 거친 외침과 함께 그 자리에 있던 국민들은 힘찬 박수로 화답했다.

스피치는 시간과 장소와 청중이라는 세 가지 제약 조건을 갖는다. 그래서 최종적으로 전달하기 전 다시 고쳐 쓸 수 있는 글과 달리 시작하는 순간이 최종 전달이 된다. 이 때문에 스피치는 '좋은'이라는 수식어가 앞에 붙기 더욱 어렵다. 하지만 스피치의 핵심은 '전달'이다. 상대가 자신의 이야기를 소화해줄 수 있는 시간을 가질 수 있도록 기다려주고, 하고 싶은 이야기가 있어도 살피며 멈추는 '포즈'의 미학이 이 글을 읽는 여러분의 스피치를 더욱 빛나게 해준다는 것을 경험을 통해 깨달아가길 바란다.

∴ 멈춤의 미학 'pause'. 포즈는 혼자 달리는 것을 멈추고 청중을 기다리는 방법이다.

'스피치ist'의 꿈

리듬감 있게 낭독하라

1990년대 후반이었을 것이다. 한국계 배우 릭 윤Rick Yune이 스콧 힉스Scott Hicks 감독의 〈삼나무에 내리는 눈Snow Falling on Cedars〉이라는 작품에 출연하게 되었다는 기사가 연일 보도되고 있었다. 한국계 배우의 할리우드 진출도 흥미로웠지만, 스콧 힉스 감독에게 관심이 더 갔다. 천재 피아니스트 데이비드 헬프갓David Helfgott, 정신병으로 인해 20여 년간의 세월을 세상과 동떨어져 지내던 그가 재기 리사이틀 공연을 한다는 광고를 접한 스콧 힉스 감독은 아내의 생일 파티도 뒤로하고 헬프갓의 공연장으로 발길을 돌렸다. 그렇게 만들어진 영화가 〈샤인Shine〉이다.

이 글을 쓰고 있는 요즘은 111년 만에 찾아온 폭염으로 연일 무더위가 계속되고 있지만, 오래전 어느 가을의 점심시간을 떠올린다.

말할 수 있는 비밀

그때 우연히 꺼내 들었던 영화 DVD 타이틀 하나가 나를 화면 안에 잡아두었던 적이 있다. 피아노 선율이 온몸에 흘렀고, 이어 박수 소리와 함께 많은 사람들이 데이비드 헬프갓의 재기에 뜨거운 박수를 보냈다. 아마 그 관중 속 어딘가에서 스콧 힉스 감독도 함께 일어나 박수를 보내고 있었을 것 같다.

〈샤인〉이라는 영화는 굳이 말과 글로 설명하지 않아도, 그 수상 내역만으로 충분히 작품성을 대변한다. 작품상, 감독상, 각본상, 음악상, 남우주연상 등 아카데미에서는 7개 부문, 골든글로브에서는 5개 부문에 후보로 올랐고 각각 남우주연상을 수상했다. 그리고 호주 아카데미에서는 후보에 오른 11개 부문이 전부 수상을 했다.

아직도 인상에 남아 있는 영화 속 한 장면이 있다. 가을로 보이는 저녁, 바바리코트를 입은 비쩍 마른 곱슬머리의 한 사내가 절반쯤 피운 담배를 입에 문 채 카페의 문을 열고 들어선다. 구석에 놓인 피아노를 찾아 앉는 그를 향한 조롱 섞인 웅성거림이 들리고, 카페 주인으로 보이는 사내는 종업원에게 그를 밖으로 내쫓으라는 신호를 보낸다. '여기서 이러시면 안 되는데요'라고 말하려는 듯 종업원이 몸을 굽히는 순간 헬프갓을 연기한 제프리 러쉬Geoffrey Rush의 손이 건반 위를 빠르게 흐른다. 림스키코르사코프Rimsky-Korsakov가 작곡하고, 라흐마니노프Rakhmaninov가 편곡한 '왕벌의 비행Flight of the Bumble Bee'이었다.

바로 그 장면 하나로 인해 서른네 살이었던 나는 여의도 MBC

본사 앞 상가 2층에 있는 허름한 피아노 학원을 찾아 도레미를 치는 법부터 피아노를 배우기 시작했다. 물론 목표였던 '왕벌의 비행'은 칠 줄 모르지만, 덕분에 집에서 가벼운 곡들을 연주할 수 있는 수준은 되었다. 하지만 연습량이 부족하고, 시간이 흐르니 이제는 손이 조금씩 삐걱거리고, 곡의 흐름을 자주 놓치게 되면서 처음 피아노에 손을 얹으며 느꼈던 그 어색함을 다시 경험하고 있다.

언어의 사용 중 '낭독'은 피아노를 익히는 것과 무척 흡사하다. 낭독의 첫걸음은 '흐름', 즉 '리듬감'을 만드는 것이다. 흐름을 만들기 위해서는 도레미에 해당하는 건반을 알아야 하고, 양손이 고음부와 저음부에서 각자 역할을 해야 하며, 건반을 자연스러우면서도 적당한 강도로 누를 수 있는 숙련이 필요하다. 그래서 피아노에서는 '하농'을 통해 손가락의 근육을 발달시키고, 손가락에 '악보를 건반에 전달할 수 있는 힘'을 기른다. '낭독'도 마찬가지다. 피아노에서 '화음'을 쌓기 위해 하농을 연습하듯 낭독에서도 '리듬감'을 기르기 위해 그만한 연습이 필요하다.

피아노를 배우며 쇼팽, 모차르트, 베토벤에 대해서는 많이들 알지만, 하농은 단순히 교육 과정 정도로 인식하는데, 샤를루이 하농 Charles-Louis Hanon 은 프랑스인으로 피아노 교사이자 작곡가로서 활동했던 음악가다. 그가 교육을 하며 피아노의 화음감을 가르치기 위해 쓴 『명피아니스트가 되는 60 연습곡』이 우리가 연습하는 '하

말할 수 있는 비밀

농'이다. 여기에는 네 가지의 연습법이 존재한다. 첫 번째는 레가토 legato로, 계속되는 음과 음 사이가 끊기지 않도록 원활하게 연주하는 기법이며 손가락이 맞물리는 느낌으로 연주한다. 두 번째는 스타카토staccato로, 음표를 짧게 연주하는 것을 가리킨다. 팔의 힘을 풀고 손가락의 힘으로만 튕기듯 연주한다. 세 번째는 악센트accent인데, 어떤 음을 다른 음보다 강하게 연주하는 것을 의미한다. 그리고 마지막으로 붓점과 역붓점이 있다. 붓점은 앞의 음을 길게, 뒤의 음을 짧게 치는 것을 반복하는 연주이며, 역붓점은 앞의 음을 짧게, 뒤의 음을 길게 치는 것을 반복하는 연주이다. 그런데 재미있는 사실은 하농의 목적과 연습법이 낭독과 무척 닮아 있다는 것이다.

우리의 언어는 문장으로 이루어져 있고, 글은 문장의 논리적 결합으로 이루어진다. 그리고 그 문장들은 언어학자마다 의견은 조금씩 다르지만, 통상적으로 '그 자체로 충분한 의미를 구성하는 단어들의 집합' 정도로 정의 내릴 수 있다. 이를 음성의 영역으로 가져오면, 문장을 소리 내어 읽는 것을 '음독音讀'이라고 하며, 문학 작품 등을 낭랑한 소리로 그 글의 이미지나 정서를 표현해 남에게 효과적으로 전달하는 것을 '낭독朗讀'이라고 한다. 또한 영어권에서는 이 둘에 특별한 구분을 두지 않고 모두 'oral reading'이라고 한다. 결국 '낭독'도 '전달'에 초점을 맞추는 것이라 할 수 있다.

낭독에 있어서 '전달'을 피아노 연습에 비유해 설명하자면 '리듬 감'을 얻는 것이라고 할 수 있는데, 지금부터 낭독 시 리듬감을 얻기 위해서 평소 책이나 신문 등을 읽을 때 사용할 수 있는 방법인 '낭독의 하농 연습법'에 대해 이야기해보자.

2005년으로 기억하고 있다. MBC 아나운서국에서는 일본 유학을 다녀왔던 한 선배의 조언으로 후지 TV에서 매년 정례화한 시낭송회를 참고해 낭독(낭송) 무대를 준비했다. 시를 읊겠다는 사람도 있었고, 간단한 동화를 재해석해 낭독 형태의 연기를 하겠다는 사람도 있었으며, 자신이 좋아하는 책의 한 구절을 읽겠다는 사람도 있었다. 그리 재미있을 것 같지 않은 기획이었지만, 예상을 뛰어넘는 관중으로 인해 준비했던 홍대 인근의 작은 공연장이 가득 찼고, 이듬해부터는 조금 더 큰 규모로 열리기 시작했다. 물론 아나운서 특유의 음색과 낭독에 곁들인 음악, 거기에 무대라는 분위기가 만들어낸 효과도 한몫했겠지만, '전달'이라는 측면에서 아나운서들이 그동안 갈고닦은 소리가 '낭독'이라는 방법으로 잘 연주된 결과였다고 생각한다.

누구나 좋은 낭독자가 될 수 있을까?
낭독을 위해서는 어떤 연습이 필요할까?

평소 자신이 좋아하는 책을 5분에서 10분 정도 소리 내어 읽을 수만 있다면, 자신의 목소리뿐만 아니라 전달력이 분명 좋아진다고 확신한다. 이때 단순히 소리 내어 읽기만을 반복해도 효과는 있겠지만, '전달'의 효과를 극대화하기 위해서 다음의 세 가지를 염두에 두고 연습한다면 더 나은 효과를 볼 것이다. 이는 피아노를 칠 때 하농으로 손가락의 근육을 단련하듯이 말할 때 좋은 '리듬감'을 얻기 위해 단련하는 방법이다.

사색적 삶은 보는 법에 대한 특별한 교육을 전제한다. 니체는 『우상의 황혼』에서 교육자의 도움을 필요로 하는 세 가지 과업을 거론한다. 이에 따르면 인간은 **보는 것**을 배워야 하고, **생각하는 것**을 배워야 하며, **말하고 쓰는 것**을 배워야 한다. 이러한 배움의 목표는 니체에 따르면, "고상한 문화"이다. 보는 법을 배운다는 것은 "눈을 평온과 인내, '자기에게 다가오게 하는 것An-sich-herankommen-lassen'에 익숙해지도록 한다는 것"을 의미한다. 즉 눈으로 하여금 깊고 사색적인 주의의 능력, 오래 천천히 바라볼 수 있는 능력을 갖출 수 있게 한다는 것이다. 보는 법을 배우는 것은 "정신성을 갖추기 위한 최초

위 사진은 최근 읽은 책 중 가장 울림이 컸던 『피로사회』라는 책에서 발췌한 원고로, 녹음을 위해 낭독할 때 주의해야 할 부분을 표시한 것이다. 이 원고를 기준으로 하면 세 가지의 훈련법이 보이는데, 첫째는 '밀어 읽기'다. 문장을 자주 끊어 읽다 보면 낭독 시 의미 전달력이 떨어지기 때문에 조금 긴 호흡으로 밀어서 읽는 연

습이 필요하다. 첫 문장을 예로 들면 "사색적 삶은/보는 법에 대한/특별한 교육을 전제한다"라고 끊어 읽게 되는데, 이를 "사색적 삶은~ 보는 법에 대한 특별한 교육을~ 전제한다"처럼 리듬을 안고 밀어 읽는 버릇을 들이는 것이 좋다. 둘째는 '단어(명사) 강조하기'다. 때로는 "명사를 '꾹꾹' 눌러서 읽는다"라고도 표현하는데, 주요 단어를 강조해서 읽다 보면 강약이 자연스럽게 생겨 내용에서 주요한 부분을 잘 전달할 수 있게 된다. "이에 따르면 인간은 '보는 것'을 배워야 하고, '생각하는 것'을 배워야 하며, '말하고 쓰는 것'을 배워야 한다"처럼 주요 명사인 '보는 것', '생각하는 것', '말하고 쓰는 것'을 의식적으로 강조해서 읽는 연습이 필요하다. 아나운서 지망생이나 낭독을 별도로 배우는 사람들은 일반적으로 끊어 읽기를 먼저 배우지만, 개인적인 견해로는 끊어 읽기는 자연스러운 낭독에 도리어 방해가 되기 때문에 최소한의 표시로 가급적 밀어 읽기를 연습하라고 조언하고 싶다. 셋째는 '최소한의 장단음'이다. 장단음은 아나운서나 성우에게는 무척 중요하게 여겨진다. 나 역시 아나운서국에서 OJT를 받는 내내 끊어 읽기와 함께 이것 때문에 많은 지적을 받았다. 하지만 일상생활에서 거의 찾아볼 수 없는 장단음의 경우 오히려 신경 쓰지 말라고 이야기하고 싶다.

장단음은 중세 한국어에서 성조가 사라지며, 낮은 소리에서 높은 소리로 바뀌던 상성이 장음으로 바뀐 데서 유래되었다고 알려져 있다. 또한 서울 방언 등에서 장단음의 구분이 있었는데, '표준 발

말할 수 있는 비밀

음법' 항목에서 이를 교양 있는 서울말의 발음으로 해설해놓다 보니, 한때는 방송에서 아나운서가 장단음을 틀리면 투고가 들어올 정도로 예민하게 받아들여지기도 했다.

아나운서 발음 중 대표적인 장단음 발음이 '없다'였는데, 이를 장음으로 발음하면 '읍ː따'와 같이 발음되었다. 그래서 요즘 세대에게 '낭독'을 이야기하며 장단음을 구분 짓게 할 필요는 없다고 생각한다. 다만 '눈', '밤', '말'과 같이 의미 차이가 있는 단어 세 가지만 신경을 썼으면 한다. 우리 신체의 '눈'은 단음으로, 하늘에서 내리는 '눈ː'은 장음으로, 어두운 '밤'은 단음으로, 가을에 나무에 열리는 '밤ː'은 장음으로 발음한다. 마지막으로 달리는 '말'은 단음으로, 우리가 하는 '말ː'은 장음으로 발음하면 된다. 책 속 문장에서도 "말하고 쓰는 것을 배워야 한다"를 발음할 때 "말ː하고 쓰는 것을 배워야 한다"로 발음하면 자연스러운 리듬감이 생긴다.

낭독에 리듬감을 만드는 훈련법

'낭독'은 노래를 부르는 것과는 다르지만 음악이 시에 생명을 불어넣듯 글에 생명을 불어넣는다는 점에서 무척 매력적인 작업이다. 이를 위해 평소 글을 소리 내어 읽는 것에 관심을 가져보길 권하고

싶다.

⟋ '낭독'은 글에 생명을 불어넣는다.

⟋ 꾸준히 연습하면 누구나 좋은 낭독을 할 수 있다. 글을 소리 내어 읽을 때 '밀어 읽기', '단어 강조하기', '최소한의 장단음' 등을 지켜 연습하길 바란다.

말할 수 있는 비밀

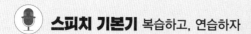

스피치 기본기 복습하고, 연습하자

신입 사원 시절, 아나운서를 뽑는 기준이 무엇인지를 묻는 내 질문에 한 선배가 '신언서판身言書判'이라고 대답한 적이 있다. 당나라 때 관리의 등용 기준으로 삼았던 신언서판은 『당서唐書』에 '신身'은 풍채가 늠름하게 생겨야 하고, '언言'은 말을 정직하게 해야 하며, '서書'는 글씨를 잘 써야 하고, '판判'은 문리가 익숙해야 한다는 의미로 기록되어 있다. 요즘의 기준에서 해석해보면, '신'은 자신감이고, '언'은 솔직한 언변이며, '서'는 글을 잘 구성해 쓰는 것이고, '판'은 세상 만물의 이치를 폭넓게 이해한다는 점에서 앞서 이야기한 '융합적 사고'를 뜻한다고 할 수 있다. 자칫 '신'을 외모로만 생각해 넘을 수 없는 벽이라 생각할 수 있지만, 잘생긴 외모보다 자신감에서 비롯된 외적 매력이 더 중요하다는 점을 강조하고 싶다.

스피치의 기술이란, 바로 이 자신감을 높여주는 몇 가지 방법이라고도 할 수 있다. 긴장감을 덜고, 청중과 시선을 맞추며, 당당하게 서서 적정한 소리로 연설하는 것이다. 이를 스피치에서 쓰는 용어로 바꿔보면 복식호흡, 시선 처리, 손 처리, 발성이다. 여기서는 이네 가지 기본기에 대해 간략하게 반복 정리하며, 실제적인 스피치기술에 대해 논했던 이 책의 2부를 마무리하려 한다.

1. 복식호흡

복식호흡은 말하기 전 호흡을 담아두어 전달력을 높이는 효과가 있다. 가수의 복식호흡도 같은 맥락이다. 하지만 복식호흡은 근본적으로 호흡을 가다듬게 해 마음을 편안하게 만들고, 진정할 수 있도록 한다. 평소 긴장되는 상황에서 활용한다면 긴장감을 푸는 데 큰 도움이 된다.

연극의 기본 이론에 "호흡은 연기의 일부다"라는 말이 있는데, 방법적으로는 하복부의 근육을 이완시켜 숨이 배에까지 내려가게 하는 것이다. 쉽게 말해 긴장된 상황에서 호흡이 가빠지기 때문에 그를 감안해 충분한 공기를 담고 있어야 한다는 뜻이다.

복식호흡은 크게 숨을 들이쉰 후, 배를 내밀어 호흡을 배꼽 밑(단전)으로 내려보내고, 3초간 멈춘 뒤 입으로 천천히 뿜어내는 호흡법이다. 처음에는 다음의 네 단계를 하나씩 시행하고, 익숙해지면 3단계만 4회 반복한다.

1단계: 숨 깊이 들이마시기

입을 살짝 열고 코로 깊이 숨을 들이마신다. (3초간 참았다 모두 뱉는다.)

2단계: 배 내밀기

1단계를 통해 들어온 숨을 배를 내밀어 밑으로 떨어뜨린다. (숨이 떨어지는 느낌이 들면 3초간 참았다 뱉는다.)

말할 수 있는 비밀

3단계: 실 뽑기

깊이 숨을 들이마셔 배로 떨어뜨린 뒤(단전) 3초간 참았다 입으로 길게 실을 뽑듯 천천히 내쉰다. (배의 공기를 모두 빼준다.)

4단계: 4회 반복하기

3단계를 천천히 4회 반복한다.

2. 시선 처리

스피치를 할 때 가장 어려워하는 것 중 하나가 '시선 처리'다. 하지만 어려운 만큼 반대로 시선 처리를 깔끔하게 했을 때 청중은 안정감을 얻을 수 있고, 연설자의 자신감을 느끼기도 한다. 소수를 대상으로 시선을 처리하는 방법과 다수를 대상으로 시선을 처리하는 방법을 구분해 알아보겠다.

소수 대상 시선 처리 방법

소수의 상대와 시선을 맞출 때는 인중 언저리에 시선을 던진다는 생각으로 시선을 처리한다. 특히 상대와의 거리가 가까울 경우 눈이 마주치면 자칫 머쓱한 상황이 벌어지기도 하기 때문에, 이는 스피치를 위한 방법이라기보다는 '상대를 위한 배려'라 할 수 있다.

다수 대상 시선 처리 방법

다수를 대상으로 연설이나 강연 등을 할 때, 시선이 쉽게 분산되는 것을 느낄 수 있다. 청중의 수가 많으면 많은 대로 적으면 적은 대로 압박감이 느껴지기 때문에 다수를 대상으로 할 때는 특히 시선 처리에 신경을 써야 한다.

다수를 대상으로 스피치를 할 때는 중앙과 좌우에 잠시 시선을 고정할 사람을 찾아야 하는데, 이는 앞에서 설명했던 전채 요리가 나갈 때 오늘 손님이 어떤 사람인지 살피는 것과 비슷한 과정이라 이해하면 좋겠다. 즉 본론을 띄우기 전 '재현'을 통해 자신의 이야기와 주제를 섞어가며 청중의 반응을 살펴야 한다. 이때 좌와 우, 가운데에서 자신과 눈을 마주치려 하거나 집중하는 사람을 미리 살펴놓아야 한다는 것이다. 방송 스튜디오에서는 기본적으로 카메라가 세 대 배치되어 있다. 사회자가 정면을 보고 이야기하다 고개를 돌리면 다른 카메라에 얼굴이 잡히곤 하는데, 사회자는 이때 카메라 위에 달린 '탤리 라이트tally light'라는 빨간색 램프를 보고 판단한다. 청중이 많은 강연장에서는 '탤리'가 될 만한 사람을 찾아두고, 강연 중간중간 그들을 중심으로 시선을 처리하면 대중과 소통하는 느낌을 줄 수 있을 것이다.

3. 손 처리

가장 기본적이며 쉬울 것 같은데도 대중 앞에서 가장 불편한 것은 손이다. 만약 한 손에 마이크를 쥐고 있다면, 나머지 한 손은 뒤로 하거나 아예 두 손으로 마이크를 쥘 수도 있다. 이때 큐 카드(원

말할 수 있는 비밀

고)나 프레젠테이션용 리모컨이 있다면 한 손엔 마이크, 다른 한 손엔 큐 카드, 혹은 리모컨을 들고 있어 한결 수월하다. 하지만 양손이 모두 자유로운 상황에서 발표나 강연을 하게 될 경우에는 그리 녹록지 못하다. 그래서 연극인들이 훈련하는 방식을 잠시 도입해보려 한다. 우선, 두 손은 편하게 떨어뜨려야 한다. 집이나 자유로운 공간에서 연습할 때도 두 손을 자연스레 떨어뜨리고 하는 것이 좋다. 그런 연습을 통해 두 손이 자유로워지면, 마이크나 큐 카드를 들었을 때 또는 두 손이 자유로울 때 나올 수 있는 제스처가 훨씬 자연스럽기 때문이다.

4. 발성

스피치에서 소리는 독백이 아니기 때문에 입에서 귀로 전달되는 물리적인 거리를 갖는다. 즉 1미터 앞에 있는 사람에게 말할 때와 10미터 떨어져 있는 사람에게 말할 때 소리의 크기가 달라진다는 것이다. 누구나 한 번쯤은 해봤을 다트를 상상해보자. 점수를 얻기 위해서는 어떻게든 다트 판까지 던져야 한다. 그리고 좋은 점수를 얻기 위해서는 자주 던져보아야 한다. 이렇게 간단한 원리가 있음에도 매일 사용하는 소리를 우리는 생각 없이 흘려보낸다. 아나운서가 되고 나서 달라진 일상이 있다면 두 가지였는데, 하나는 영어 사전을 내려놓고 국어사전을 옆에 두게 된 것이다. 우리의 조금 독특한 문화는 간단한 영어 철자를 틀리면 부끄러워하지만, 우리말을 틀리면 '그럴 수도 있지'라며 쉽게 넘어가는데, 아나운서라는 직업은 둘 다 소홀히 할 수 없기 때문이다. 그리고 또 하나는 매일매일 소리를 내어 낭독한다는 것이다. 글쓰기에 있어서도 다 써진 글을 소리 내어 읽어보면 더 자연스러운 흐름으로 수정할 수 있듯이 스피치에 있어서도 연습 때 자주 소리를 내보면 실전에서 언어의 흐름이 훨씬 자연스럽게 만들어진다.

소리에는 분명히 물리적 거리가 있다. 이 물리적 거리를 익히기 위해서는 성대의 근육이 단련되어야 하는데, 나아지려는 조금의 의지만 있다면, 연습을 통해 능숙하게 다트를 던질 수 있듯이 누구나 좋은 전달 도구를 얻게 될 것이다.

발성 연습을 하기 위해 장소와 시간을 특정 짓는 경우들이 있는데, 자신이 연습하기 가장 좋은 시간, 가장 편한 장소에서 매일 연습하는 것이 좋다.

발성 연습법 4단계

1단계

읽을 원고를 준비한다. (오독이 많은 초기에는 여러 장의 원고보다 한 장의 원고로 반복하길 권한다.)

2단계

원고를 밑에 두고 그 위에 고양이 자세로 구부려 바닥에 엎드린다.

3단계

원고가 깔려 있는 바닥을 살짝 친다는 느낌으로 소리를 바닥으로 던진다.

4단계

매일 5분에서 10분간 꾸준히 연습한다.

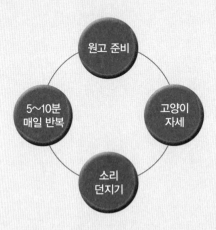

감동적인
스피치 요리는
기술이 아닌
진심으로 완성된다

작별! 새로운 시작!

MBC를 떠나며…

"마지막으로 드리는 1분 스피치 주제는 '회자정리'입니다."

MBC에 입사하고 참여한 OJT 교육의 마지막 관문은 교무실 같은 아나운서국 벽면에 서서 선배들이 준비한 주제에 1분 내로 답변하는 것이었다. 50여 명의 아나운서 선배들 앞에서 치러지는 면접 아닌 면접이자, 어쩌면 최종 시험이었다. 그런데 아나운서로 인정받기 위해 마지막으로 받은 질문의 주제가 '회자정리'라니. MBC를 떠나고자 마음먹던 날 갑자기 그때 그 단어가 떠올랐다.

회자정리 거자필반會者定離 去者必返은 본디 불교 용어에서 온 말이다. 불교 경전 중『유교경遺教經』에서는 "세개무상 회필유리世皆無常 會必有離" 즉 세상은 모두 덧없는 것이니 만나면 반드시 이별이 있다 했고, 『열반경涅槃經』에서는 "부성필유쇠 합회유별리夫盛必有衰 合

會有別離" 즉 흥성함이 있으면 반드시 쇠퇴함이 있고, 만남이 있으면 이별이 있다 하였다. 결국 회자정리 거자필반은 만남과 이별에 관한 이야기이자 인간관계의 무상함에 관한 이야기이기도 하다. 지금 생각해보면 이제 막 만난 후배에게 던졌던 질문으로는 참 얄궂은 게 아니었나 싶다.

2018년 2월 7일이었다.

"한준호 아나운서, 혹시 저희와 함께해주실 수 없으십니까?"

당시 스타트업 투자자인 벤처 캐피털 심사역들의 이야기를 묶어 책을 쓰려던 나는, 정부의 한 기관에서 일하고 있던 정책 보좌관과 만나 이야기를 나누던 중 갑작스러운 제안을 받게 되었다. 짧은 시간이었지만 머리에서는 수만 가지 생각이 지나갔다. MBC 재직 시절 '정치'라는 단어로 인해 얼마나 오랫동안 방송 일선에서 떠나 있었던가. 이제야 방송으로 돌아갈 수 있으리라 믿으며 책으로 소일하면서 보내려던 내게 그가 던진 한마디는 앞으로의 인생에서 큰 모험을 하게 만들었다.

당시 그의 말을 듣고, 나도 몰랐던 내 소심함은 결국 고열과 함께 나를 이틀간 앓아눕게 했다. 잠시 링거 주사를 꽂고 고열에 시달리던 그때, 처음 MBC라는 곳에서 시험을 보기로 했던 시절을 생각해봤다.

말할 수 있는 비밀

"여보세요? 한준호 씨? MBC 인사부입니다."

남들 모르게 3개월간의 MBC 입사 전형을 마친 후 최종 면접 결과를 기다리던 날 퇴근 무렵이었다. 오후 3시면 발표한다던 최종 합격 통보는 퇴근 시간이 다 되도록 홈페이지에도 공지가 없었고, 하물며 붙었다 혹은 떨어졌다는 전화 한 통 오지 않았다. 이미 3시부터 바짝바짝 타기 시작한 목은 물을 마시겠다는 생각도 없이 내 정신과 함께 넋을 놓고 있었다. 당시 코스닥 시장(현 한국거래소)에서 근무하던 나는 그 전화 한 통에 더욱 숨을 죽이고는, "감사합니다"라는 말과 함께 다른 사람들에게는 마치 큰 비밀이라도 숨기듯 조용히 잰걸음으로 빠져나와 한 층 위에 있는 공시팀으로 단숨에 뛰어 올라갔다.

"형님~!!"

내게 처음 방송사 시험을 권했던 선배의 어깨를 뒤에서 살며시 잡았다. 내가 무슨 말을 더 하기도 전에 고개를 돌린 선배는 내 손을 붙잡고 빠른 걸음으로 복도까지 걸어 나갔다.

"붙었지?"

난 조용히 선배의 눈을 보며 "네~"라고 대답했다. 우린 10여 초 얼싸안았고, 남들이 볼세라 얼른 떨어져 눈으로 축하의 인사를 주고받았다. 2003년 11월이었다. 나는 그 회사에서 직장을 다니며 최고의 언론사라고 자부하던 MBC에 합격하면서 사내에 파란을 일으켰다.

"한준호 아나운서? W 의원실의 ○○○ 보좌관입니다. 한번 뵐 수 있을까요?"

처음 내게 정치를 제안했던 보좌관과 만난 지 며칠 되지 않아 해당 의원실 보좌관으로부터 전화가 왔다. 사실 마음의 준비가 안 되었지만, 제안한 측과 나 사이에 존재하는 시간은 그런 여유를 용납하지 않았다. 물론 내게 시간이 더 있었다고 해도 사태를 막지 못할 것 같았다. 아니, 지금 생각해도 나는 되돌리지 못했을 것이다. 좋은 방향이든 아니든 그것은 내게 그냥 운명이었다.

"안녕하세요. 한준호입니다."

의원실의 회의실에 죽 앉은 세 명의 보좌관들은 다른 의원실에 비해 연배가 높아 보였다. 한 시간을 조금 넘긴 대화가 이어지는 동안 나는 마음속으로 'MBC를 떠날 때가 되었구나'라는 판단과 다짐을 하고 있었던 것 같다.

이명박 정권 초기, 노동조합 집행부 생활을 시작으로 접게 된 방송인 생활은 9년이 흘러 박근혜 전 대통령 탄핵에 이은 문재인 정부 탄생과 함께 다시 찾을 수 있을 것이라는 희망이 생겼다. 하지만 이제 거울을 통해 보이는 수많은 흰머리와 늘어난 체중보다도 과연 그 시절의 생활과 같을지, 한참 떨어져 있던 사람들과는 잘 지낼 수 있을지에 대한 의문과 걱정이 더 앞섰다. 떨어져 지낸 수년 동안 다른 부서를 전전하던 선후배들과는 긴 세월 속에 이미 소원해졌고, 아나운서국에는 내가 한 번도 겪어보지 못한 후배들이 있었다. 더욱이 방송 환경도 너무나 많이 변해 있었다. 결국 나는 돌아갈 용기가 나지 않았던 것인지도 모르겠다. 내 바로 위 기수로는 6년 차이의 선배가 있었고, 밑으로는 4년 차이의 후배가 있었다. 남자로서는 유일한 40대였으니 어쩌면 버티기만 해도 승진에 큰 지장이 없었을지도 모른다. 그러나 MBC는 내게 아나운서라는 직업인으로서 생존해야 하는, 직장이라는 장소 그 이상의 의미였던 것 같다.

그곳으로 돌아갈 수 있다는 대답 하나를 듣기 위해 버틴 9년이라는 시간의 끝에 찾아온 이런 제안은 간절함이 사라진 내게 방송사 생활에 종지부를 찍을 수 있는 명분을 주었다. 나는 떠나고 싶었던 것이다. 아니, 정확히는 버티고 싶지 않았던 것이다.

의원실을 나오는 길에 전화가 울렸다. 받은 지 20여 분이 채 되지 않은 명함이라 전화번호를 아직 저장하지 못한 W 의원실의 보좌관이었다.

"한준호 아나운서, 내일 오전에 의원님께서 뵙길 원하는데, 시간 되시겠죠?"

순간 '올 것이 왔구나, 숨 쉴 틈도 없이……'라는 생각이 들었다.

그날의 아침은 더디게 왔다. 옆에서 자고 있는 아내의 얼굴을 보자니 미안했다. 옆방에 들어가 곤히 자는 막내의 얼굴에 내 얼굴을 맞대도 불안을 숨길 수 없었다.

'이렇게 좋은 직장을 그만두고 앞길도 보이지 않는 곳으로 들어

간다니. 한준호, 미쳤구나.'

하지만 새로운 무언가를 잡기 위해서는 가지고 있는 것을 놓아야 한다는 사실을 너무 잘 알고 있었다. 아침이 밝으면 되돌릴 수 없는 결정이라는 것이 자명해도 말이다.

내 오른손 약지 손가락은 완전히 구부러지지 않는다. 산을 좋아했던 내가 비 오는 날 산행에 나섰다 하산길에 미끄러지며 다친 손을 제대로 치료하지 않아 결국 끊어진 인대가 어설프게 자리 잡아버린 것이다. 이렇게 힘을 줄 수 없는 약지로 인해 당시 깊게 빠져 있던 스포츠 클라이밍을 그만둬야 했다.

"한 선생, 올라가든지 내려오든지 둘 중 하나를 해야지 그렇게 잡고 있으면 힘 빠져서 어차피 떨어져요."

집 근처 문화센터 내 위치해 있던 클라이밍장은 묘한 매력이 있었다. 특히 매주 수요일에는 몸에 로프를 묶고서 대략 5~6미터 정도 높이에 위치한 목표물을 찍고 내려오는 수업을 진행했는데, 매번 3미터쯤 올라가면 그 높이에 겁이 나 매달려 있곤 했다.

"한 선생, 무언가를 잡으려면 하나를 놓아야죠. 매번 그 자리에 매달리려면 힘들여 올라가지 말고 다른 걸 연습하세요."

내가 사부라 부르던 선생님은 유난히 실력이 늘지 않는 나를 그런 식으로 나무라곤 했다. 그런데 그 한마디가 지금의 내 결정에 용기가 되었던 것이다. MBC에 머물러 있자면 이런저런 고민하지 말고 흘러가는 대로 살면 되고, 새로운 것에 도전하려면 하나를 놓아야 한다. 마침내 그날이 되고 만 것이다.

"반갑습니다."

언론을 통해 보던 중진 의원은 생각보다 훨씬 젊고 겸손한 모습
이었다.

"네, 처음 뵙겠습니다. 한준호입니다."

의원실로 들어가는 나를 전날 만난 보좌진들과 비서진들이 마
치 선수를 링에 올리는 듯한 눈빛으로 바라봤다.

나는 내 본의로 야인이 되었다. 선택에 좋고 나쁜 게 있는 것이
아니라, 어느 순간 무슨 이유로 선택했는지가 중요한 것 아닐까. 지
난 15년이 중요한 것이 아니라, 앞으로의 15년이 더 중요할지도 모
르겠다. 결국 만남이 있으면 헤어짐이 있고, 그 헤어짐 뒤에는 새로
운 만남이 시작되는 것이다.

∴ 인생 공식: f(end)=start, 끝은 새로운 시작이다.

See It Now

아나운서와 앵커는 다른가요?

"우리는 불쾌한 정보를 외면하려 하고, 매체는 그런 현실을 반영합니다. 텔레비전이 주로 본질을 흐트러뜨리고, 우리를 속이는 데 이용된다는 걸 깨닫지 못하는 한 텔레비전과 광고주, 시청자, 방송 제작자들은 자기기만自己欺瞞을 멈추지 못할 것입니다."

2005년 개봉했던 〈굿나잇 앤 굿럭Good Night and Good Luck〉은 1958년 미국 CBS 뉴스 다큐멘터리 프로그램인 〈See It Now〉의 진행자 에드워드 머로Edward Murrow의 연설로 시작된다. 영화 제목인 〈굿나잇 앤 굿럭〉은 머로가 방송이 끝나기 전 시청자들에게 전하는 인사말로, 이 영화는 1950년대 매카시즘McCarthyism(1950~1954년 미 전역을 휩쓴 일종의 반공산주의로, 공화당 상원 의원 J. R. 매카시가 1950년 2월 국무성 안에 205명의 공산주의자가 있다고 한 연설에서

말할 수 있는 비밀

발단) 광풍에 맞섰던 저널리스트의 실존 이야기를 다루고 있다. 특히 앵커인 머로와 제작진의 고뇌를 통해 언론인이라면 어떠한 자세로 보도에 임해야 하는지와 방송 저널리즘의 지향점을 일깨워줬다. 그리고 이 같은 문제의식은 오늘날까지 언론인들에게 이어지고 있다.

여기서 저널리즘이나 언론의 보도는 어때야 한다는 어려운 이야기를 하려고 꺼낸 사례는 아니다. 다만 저널리스트의 한 측면인 보도 선상에서 뉴스를 전달하는 앵커의 영역을 잠시 짚어보며, 아나운서로서 가장 많이 받았던 질문 중 하나인 '아나운서와 앵커의 차이'가 무엇인지와 한국에서의 '앵커'에 대해 잠시 이야기를 나눠보려고 한다.

"아나운서와 앵커는 다른가요?"라는 질문의 답은 무척 간단하다. 우리 방송 시스템에 근거해 설명하면, 아나운서는 직종이고 앵커는 직책(일종의 역할)이다. 나는 아나운서 직종으로 입사해 토요일 정오 뉴스의 앵커와 〈쇼바이벌〉의 사회자를 맡았었다. 또한 보도에 관여하는 사람들의 경우 오디션이나 자체 선발을 통해 앵커라는 역할을 맡게 된다. 아마 이 질문에 대해서는 더 이상의 의문이 생기지 않을 것이라 생각한다.

MBC 재직 중 가장 많이 받았던 또 하나의 질문은 "앵커 원고는 직접 쓰나요?"였다. 아마 그 질문 속에는 아나운서가 앵커를 맡으면 앵무새처럼 기자들이 써준 원고를 그대로 읽고, 기자들이 앵커를 맡는 경우는 스스로 원고를 작성해 방송하는 것이 아니냐는

의미가 내포되어 있는 것 아닐까 싶다. 물론 틀린 말은 아니다. 그러
나 기사를 취재하는 기자 출신의 앵커는 현장감이 장점인 반면, 아
나운서 출신의 앵커는 전달력이 장점이다. 그래서 앵커 선발에 있어
서 뉴스의 특성에 맞게 이런 점들이 고려되고 있다.

．✑ 아나운서는 직종이고, 앵커는 직책이다.
．✑ 아나운서도 기자도 앵커가 될 수 있다.

국내 뉴스와 다른 나라의 뉴스는 어떻게 다를까?

손석희 아나운서가 JTBC의 보도 부문 사장을 맡았을 때 내심 한
국에 우리만의 앵커 시스템을 도입해 직접 진행했으면 하는 바람이
있었다. 이후 내부 의견을 거쳐 그가 앵커석에 다시 앉았을 때 업
계의 후배로서 두 가지 측면에서 무척 기뻤다. 첫째, 남자 아나운서
가 메인 뉴스 앵커석에 앉지 못하는 지상파 방송사의 현실을 감안
했을 때 아나운서 출신 선배의 메인 뉴스 앵커 데뷔는 무척 상징적
인 의미가 있었다. 둘째, 메인 뉴스를 비롯한 국내 뉴스들이 단신과
리포트로 엮여 심층 보도가 없고 형식이 비슷한 것과 달리 보도 통
제권, 편집권을 가진 리더형 뉴스 앵커 시스템의 도입은 CNN 등의

　　　　　　　　　　　　　　　　말할 수 있는 비밀

해외 뉴스를 접하며 가졌던 아쉬움을 조금이나마 달래줬다.

우리나라의 현실은 조금 뒤로 미뤄놓고, 개인적으로 세계 3대 뉴스 형식이라 생각하는 미국식과 영국식, 일본식으로 나누어 앵커 시스템을 설명하려고 한다. 첫 번째는 편집권을 가지고 뉴스의 방향을 통제할 수 있는 리더leader형 시스템으로, '내 뉴스는 내가 책임진다'를 증명하는 미국식 앵커가 있다. 두 번째는 BBC와 같이 정확한 발음과 단어를 구사하며 '영어 발음으로 전달하는 뉴스는 바로 이런 거야'를 보여주는, 발음만 비슷한 리더reader형 앵커 시스템이 있다. 마지막으로 일본식 뉴스 형식을 소개하며 우리의 이야기를 하려고 한다. (여기서는 앵커와 뉴스 캐스터의 차이에 대해 특별히 소개하지 않았지만, 뉴스 캐스터가 좀 더 넓은 의미의 뉴스 전달자라 할 수 있다.)

개인적으로 일본 뉴스의 전환기를 1985년 10월 7일로 규정한다. 이날은 TV 아사히가 밤 10시대 메인 뉴스를 개편하면서 주로 예능 프로그램에 능했던 TBS 도쿄 출신의 구메 히로시久米宏 아나운서를 영입해 친절한 뉴스, 중학생도 알 만한 뉴스를 지향하며 〈뉴스 스테이션〉을 출범시킨 날이다. 현재는 〈보도 스테이션〉이라는 이름으로 바뀌었지만, 구메 히로시가 은퇴하던 2000년까지 〈뉴스 스테이션〉은 보도의 수준을 중학생도 이해할 수 있는 '전달'로, 언어는 문어체가 아닌 구어체로 진행했다. 또한 나무 블록이나 모형 등을 전달의 소도구로 활용하며 전달력을 높이려 애썼다. 더불어 보도 전문 기자가 아닌 쇼 프로그램 진행자인 구메 히로시를 메인 앵커로 영입한 것도 놀라웠지만, 그가 짧은 머리와 콧수염이 있는 얼굴로, 자주 안경을 바꾸고, 간혹 가죽점퍼를 입거나 노타이로 화면에 나타나 고정관념을 깨려 시도했다는 점이 더 주목할 만하다. 그러한 노력은 〈뉴스 스테이션〉을 동 시간대 최고의 뉴스로 만들었고, 이후 일본 뉴스는 메인 뉴스 캐스터로 비전문인을 영입하며 '보도 버라이어티'라는 새로운 영역을 개척하게 되었다. 특히 그가 마지막 방송에서 따라둔 맥주를 시원하게 들이켜는 모습은 그가 그동안 보여준 뉴스를 대하는 철학이 엿보이는 장면이었다.

MBC는 1970년 10월 5일 개편에 맞춰 〈뉴스데스크〉를 출범시키며 기존의 아나운서가 정확한 발음으로 준비된 원고를 읽던 방식을 벗어나, 취재원(기자)이 취재하고 앵커가 정리해 전달하는 미국 앵커 시스템을 국내 처음으로 도입하게 되었다. 이후 〈뉴스데스크〉는 앵커가 되기를 원하는 모든 이들의 도전 대상이 되었고, 엄기영, 손석희, 백지연, 김주하 등 스타 앵커를 배출하며 시대를 비추는 앵커 멘트를 생산해왔다. 한때 배신의 아이콘으로 낙인찍혔던 배현진 씨의 최장기 〈뉴스데스크〉 앵커 등극이 화제를 모은 것도 〈뉴스데스크〉만이 갖는 상징성 때문이었을 것이다. 또한 1988년 8월 4일에는 강성구 앵커가 서울 지하철 노선 증설과 요금 인상에 대해 보도

말할 수 있는 비밀

하던 중 난입한 소창영(당시 24세)이란 청년이 약 19초 동안 마이크를 빼앗으려 했던 방송 사고가 아직도 "내 귀에 도청 장치"라는 제목으로 유튜브 등에 떠돌고 있는데, 워낙 유명한 사건이기 때문일까, 요즘 활동하는 가수 중에는 '내 귀에 도청 장치'라는 그룹도 존재한다. 이렇듯 〈뉴스데스크〉는 JTBC의 〈뉴스룸〉 등장 이전까지 많은 화제를 생산하며 대한민국 뉴스를 선도해왔다.

손석희 앵커가 진행하는 JTBC의 〈뉴스룸〉은 심층 보도를 통해 기존 뉴스들이 시도하지 않았던 영역에 도전하며 많은 박수를 받고 있다. 특히 2014년 4월 16일에 발생한 세월호 참사 보도의 진정성과 최순실의 태블릿 PC 단독 보도 등을 통해 촛불 혁명을 선도하며 명실공히 대한민국의 대표 뉴스로 자리매김했다. 이 시점에서 누구나 지상파의 뉴스가 이대로 가는 것이 좋을지 고민해보지 않을 수 없을 것이다.

스피치는 '전달'이라고 말하는 내게는 뉴스 보도도 '전달'에 초점이 맞춰진다. 일본의 시도와 같이 좀 더 낮아지고 친절해질 순 없는 것인가 하는 의문도 든다. 물론 그 친절은 자세함을 포함해 여러 의미를 갖는다.

이제 회사를 나와 야인이 된 시점에서 뉴스 앵커에 대해 사견을 내는 것이 맞지 않을 수 있지만, 대한민국 뉴스의 방향성에 대해서는 함께 생각해볼 수 있을 것 같다. 뉴스를 보도하는 집단의 눈높

이와 시청하는 시청자의 눈높이가 현격히 차이 나는 요즘, 1980년
대 미국의 영화배우이자 코미디언인 제리 사인펠드Jerry Seinfeld가
남긴 말로 고민을 대신 전해보고 싶다.

"매일 세상에서 벌어지는 뉴스가 어떻게 항상 신문에 싣기 딱
맞는 분량이 되는지 신기하지 않나요?"

／ 뉴스 보도 역시 '전달'에 초점을 맞춰 눈높이를 낮추고 보
　다 친절해지면 어떨까.

말할 수 있는 비밀

I Feel Pretty

자신감이라는 마법

에이미 슈머Amy Schumer 주연의 영화 〈아이 필 프리티I Feel Pretty〉는 사랑 이야기를 연출하는 데 능한 여성 감독 에비 콘Abby Kohn의 손을 거쳐 미모로만 평가받는 사회 속에서 살아가는 여성들에게 미모보다 중요한 것은 '자신감'이라는 메시지를 던져주고 있다. 사실 이 영화를 IPTV로 가족과 함께 보며 박장대소했지만, 배역들의 대사 속에서 얻은 것이 많았던 영화다. 에이미 슈머가 맡은 르네 베넷이란 여성은 통통하고 유쾌한 코미디 영화 속 여주인공으로, 실제 에이미 슈머의 성격과 특성을 그대로 담고 있다. 르네 베넷은 통통한 몸매가 늘 불만이었고, 그런 외모가 자신의 경쟁력을 낮춘다고 생각하며 살아간다. 그러던 어느 날 헬스장에서 사이클 수업을 받던 중 사고로 머리를 다치게 되는데, 보통은 이런 경우 멜 깁슨Mel

Gibson 주연의 〈왓 위민 원트What Women Want〉처럼 여성의 마음속 소리를 듣는 능력이 생긴다거나, 존 트라볼타John Travolta 주연의 〈페노메논Phenomenon〉처럼 초능력이 생길 텐데, 이 영화 속 주인공 르네는 머리를 다친 후 그냥 자신이 예뻐 보이는 착각을 일으킨다. 그래서 영화의 제목이 'I am pretty'가 아닌 'I feel pretty'인지도 모르겠다. 이후 영화는 상당히 흥미롭게 전개된다. 스스로 모델급 외모라고 믿게 되는 데서 오는 자신감은 자신의 능력을 한껏 끌어올려 성공과 사랑을 일궈낸다. 조금 더 스포일러를 하자면, 영화 후반 르네는 자신이 착각에 빠졌었다는 것을 인지하게 되지만, 외모보다는 노력과 자신감이 더 중요하다는 것을 깨닫는다는 이야기다.

스피치에 관해 설명하다 말고 이 영화 이야기를 꺼낸 이유는 대중 연설이나 강단 또는 더 공개된 자리에 서서 자신의 의견을 표출할 때 대부분은 외모, 발성, 숙련도(여기에는 긴장하지 않고 익숙하게 대중을 대하는 것도 포함됨)가 그 자리의 성공을 결정짓는 큰 요소라고 판단하기 때문이다. 하지만 그런 자리에 설 때 더 중요한 것은 자신감이다. 외모와 목소리는 어느 정도 타고나는 것이지만, 자신감은 생각의 전환만으로도 빠르게 갖출 수 있다는 점에서 나는 누구나 스피치를 잘할 수 있다고 주장하고 싶다.

한때 서가에서 베스트셀러이자 스테디셀러였던 『시크릿』이라는 책에서 저자 론다 번Rhonda Byrne은 '끌어당김의 법칙'과 '간절함'을 성공의 비밀로 꼽았다. '끌어당김의 법칙'은 생각의 파동(이루고자 하

말할 수 있는 비밀

는 것에 대한 지속적인 생각)이 행운과 바라던 결과로 우리를 이끈다는 것이며, '간절함'은 말 그대로 하고자 하는 마음이 강하게 드는 것이다. 즉 마음가짐을 바꾸는 것이 성공의 중요한 비밀이라는 뜻이다. 때로 나에게 "어떻게 하면 말을 잘할 수 있어요?"라고 묻는데, 그때마다 나는 "스피치를 잘하는 것과 말을 잘하는 것은 다른 문제입니다"라고 대답한다. 물론 인과관계가 전혀 없는 것은 아니겠지만, 말을 잘한다는 것은 남들과 있을 때 어떤 주제에도 막힘없이 말할 수 있는 일종의 '의사소통' 능력을 지닌 것을 의미한다. 하지만 스피치는 온전히 '전달'에 집중하는 것이다. 따라서 내가 전달을 잘해야겠다는 마음을 갖는 것이 중요하며, 내용이 잘 전달되기를 바라는 간절함이 담긴다면 좋은 스피치였다는 평가를 받을 수 있을 것이다.

자신감을 얻으려면 어떻게 해야 할까?

저녁 약속이 길어져 밤 11시가 넘어서야 집에 들어왔을 때였다. 차를 한잔하며 평소 잘 보지 않던 텔레비전을 켰는데, 정말 생각지도 않은 얼굴을 보았다. 어린 시절 옆집에서 같이 자라며 같은 고등학교를 다녔던 내 단짝 친구 경찬이가 경찰서 생활을 체험하는 프로그램에 나오고 있었다. 그동안 소식이 끊겨 궁금했던 단짝 친구는 독도 수비대에서 작전 팀장으로 근무하고 있었다.

얼마 전 한 연예 기획사의 연습생들을 교육하기 위해 성수역 인근을 찾았을 때였다. 문득 경찰 시험을 보고 나를 따라 서울로 올라왔던 경찬이의 자취방에 얹혀살던 시절이 생각나 잠시 그곳을 둘러보았다. 어찌 보면 암울했던 시기이지만, 지나고 보니 이제 추억이 되어 있었다.

"경찬아 미안한데, 나 차비 좀 빌려줄 수 있어?"

수학 선생님을 꿈꾸던 내 친구는 가난한 집안 형편으로 대학 수학과를 중퇴한 뒤 경찰이 되었고, 공군사관학교나 경찰대학 진학을 꿈꾸던 나는 가난한 수학과 학생이 되어 경찰이 된 친구의 반지하 집에 얹혀살고 있었던 때다.

"야, 너 차비도 없으면, 밥은 제대로 먹고 다니는 거냐?"

학교를 가려고 집 앞 성수역 쪽으로 같이 걸어가던 중이었다. 제때 받았으면 좋았을 과외비가 일주일가량 밀리면서 수업료를 포함한 생활비가 예상대로 모이지 않았던 나는 자존심을 구기고 차비를 빌리고 있었다.

"가다 밥이라도 좀 사 먹어."

퉁명스러운 말투의 녀석은 운동복 주머니에서 여러 번 접힌 만원짜리를 꺼내 손에 쥐어주고 돌아섰다.

'내 인생은 언제까지 이렇게 초라할까. 하느님, 저를 이 세상에 태어나게 해주신 건 크게 쓰시려는 이유가 있어서라고 믿습니다. 저를

버리지 말아주세요.'

그 시절 내 기도는 언제나 같았다.

돌이켜 생각해보면 생활고라는 절망 속에서 나에 대한 믿음
은 용기가 되어 돌아왔고, 용기는 결실로 응답했다. 학생들과 자주
만나는 요즘 스피치 강연에서 가장 많이 하는 말이 "자신감을 가
져라"다. 자신감은 한자로 표기하면 '自信感'이고, 영어로는 'self-
confidence'다. 쉽게 풀어 쓰면 '스스로 자신이 있다고 느낌'이다. 그
렇기에 '자신감'이란 스스로 찾아야 하는 문제이지, 누군가가 대신
줄 수 있는 것이 아니다.

현대 인도의 역사에서 가장 큰 영향을 끼친 인물로 간디를 꼽는
데, 그는 험난했던 자신의 인생 속에서 "사람들은 그들이 믿는 방향
대로 될 것이며, 만일 할 수 있다고 믿는다면 처음에는 할 수 없을
지 몰라도 그 일을 해낼 능력을 갖게 될 것"이라고 이야기한다.

그의 말을 빌려 스피치뿐만 아니라 스스로 무엇이든 할 수 있다
는 자신감을 갖고 매일매일 자신을 믿어주었으면 하는 마음을 전하
고 싶다.

∴ 영화 〈아이 필 프리티〉처럼 스피치에서 필요한 것은 'I feel
  good speaker'라는 자신감이다.

인생은 연기다

연설을 디자인하라

"인생은 멀리서 보면 희극이지만, 가까이 보면 비극이다Life is a tragedy when seen in close-up, but a comedy in long-shot"라는 찰리 채플린Charles Chaplin의 말처럼 삶을 잘 표현한 말도 찾아보기 어렵다. 무대 위에서 야유를 받던 어머니를 대신해 다섯 살의 나이에 처음 무대에 오른 그는 지팡이와 콧수염으로 대변되는 캐릭터로 오랜 기간 사랑받았고, 〈시티 라이트City Lights〉, 〈모던 타임스Modern Times〉, 〈위대한 독재자The Great Dictator〉 등의 작품을 남겼다. 인생은 희극처럼 보이지만 자세히 들여다보면 비극이라는 그의 말은 어쩌면 삶을 바라보는 바라보는 주관적 시각과 객관적 시각의 차이를 이야기한 것일수도 있고, 삶의 순환에 관해 이야기한 것일 수도 있다. 그의 삶이 사람들이 가장 행복하다고 느끼는 크리스마스에 끝난 것을 포함해

말할 수 있는 비밀

서 말이다.

프레젠테이션, 어떻게 하면 잘할 수 있을까요?

MBC 상암동 본사 건물과 마주 보고 있는 서울시 건물에 자리한 관세 법인을 운영하는 지인에게서 연락이 왔다. 세계적인 스포츠 브랜드의 입찰 경쟁 프레젠테이션에 참여하는데 혹시 도와줄 수 있느냐는 것이었다.

"남 대표님, 프레젠테이션 자료 준비해서 오늘 하루 저와 오전, 오후, 저녁, 이렇게 세 번을 만나요. 첫 미팅에서는 전체 내용을 제게 브리핑해주시면 되고, 두 번째 미팅에서는 발표 방법에 대해 수정을 하겠습니다. 그리고 마지막으로 리허설을 진행합니다."

이 방식은 내가 방송을 준비할 때 했던 방법이기도 하고, 연설문 등을 감수할 때 사용하는 방법이기도 한데, 선거 캠프에서 대변인을 하던 시절, 이 같은 방법이 효과적이라고 느낀 순간이 있었다. TV 토론회를 앞두고 후보의 '출마의 변'을 준비하던 때, 나를 비롯한 팀장급들이 가장 효과적이고 강력한 메시지를 던지기 위해 모였다. 당시 후보는 우리가 각자 준비한 내용을 훑어보더니 자신만의 말투로 해보겠다며 내용 중 참고할 만한 것들만 표시해 소리를 내어 즉흥 연설을 하기 시작했다. 그리고 한쪽에서는 비서가 그 내용을 고스란히 받아 적었고, 이를 다시 수정해 최종 리허설을 진행했다. 물론 토론회에서 발표는 그 누구보다 좋은 평가를 얻었고, 나는 개인적으로 이 방식이 프레젠테이션을 준비하는 가장 적합한 틀이라는 판단을 굳히게 되었다.

프레젠테이션 준비 3단계

대학을 졸업하며 수출입 과정에서 통관 업무를 대행하는 관세사 자격증을 따고, 현업을 거쳐 일찌감치 개인 관세 법인을 세운 남 대표는 10여 명의 관세사를 포함해 20여 명의 직원을 둔 젊고 유능한 경영자다. 사실 그를 만나기 전에는 관세사라는 직업을 잘 알지 못했기에 그를 통해 듣는 관세사들의 세계는 흥미로웠다.

그날 남 대표를 비롯해 발표를 담당한 관세사와 함께 발표 준비를 하던 중 발표 내용이 너무 수평적이고 평이하다는 생각이 들었다. 경쟁 입찰에서 남 대표의 회사가 가진 큰 장점은 이 큰 스포츠 브랜드를 맡을 만큼 규모 있는 회사이고, 미국 본사와 물량이 오고 갈 때 실시간 모니터링할 수 있으며, 보다 합리적인 가격으로 계약을 체결할 수 있다는 것이었다. 이 세 가지 장점을 설명하며 입찰

말할 수 있는 비밀

가격은 차치하고, 규모 있는 회사라는 점과 전문성을 강조하는 데 더해 신뢰를 심어주어야 했다. 이는 내가 스피치에서 강조하는 부분 중 하나인 '첫인상 만들기'로, 이를 위해서는 약간의 스토리텔링이 필요하다.

관세 법인 경쟁 프레젠테이션 진행 방식

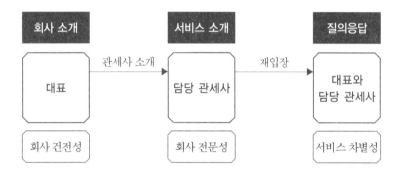

"남 대표님, 프레젠테이션 때 '어디서 들어올지', '누구를 바라볼지', 지금과 같이 다음 사람에게 순서를 넘길 시 '어떻게 그 사람을 소개할지' 구상해야 합니다. 그리고 대표이사로서 담당 관세사를 자신 있게 소개해 그 사람이 더욱 돋보일 수 있도록 해주세요. 그래야 상대가 더 신뢰하게 됩니다. 이런 걸 일종의 연기play라고 생각하시면 됩니다. 많이 안 해보셔서 쑥스럽겠지만, 자기의 역할을 연기한다고 생각하셔야 좋은 결과가 있습니다."

내가 그날 강조하고 싶었던 것은 프레젠테이션을 디자인하는 것과 발표자들의 연기였다.

얼마 전 〈꽃보다 할배〉와 우리 세대에게는 대발이 아버지로 유명한 텔런트 이순재 씨가 후배들에게 자신의 오디션을 선보이는 영상을 보게 되었다. 그 안에서 이순재 씨는 "연기자(배우)에게 분장(메이크업)이란 무엇인가?"라는 질문에 "분장이란 나를 버린다는 것이다. 내 몸을 이용해 새로운 인물을 계속해 만들어가는 것이지 내가 앞서 나가는 것은 아니다"라고 이야기한다. 사실 그대로 받아들이면 단순히 배우들에게 국한된 이야기로 들리겠지만, 무대의 범위를 프레젠테이션 하는 공간, 강단, 연단 등으로 넓혀본다면, 그곳에 올라가는 누구나 배우가 되어야 한다. 굳이 분장을 하지 않아도 자신은 무대 뒤에 두고, 발표하는 공간에서는 자신이 해야 하는 역할을 연기하는 연기자가 되어야 한다.

방송인으로서, 간혹 자신의 '끼'로만 방송하는 사람들을 볼 때면 안타까운 마음이 앞섰다. 무대 위에서 앵커, 퀴즈 프로그램 진행자, 쇼 프로그램 진행자, 시사 교양 프로그램의 진행자 등 수행해야 하는 역할들이 다름에도 그에 걸맞은 준비 없이 올라가 역할보다 자신을 앞세우다 보면, 프로그램에도 영향을 미치고, 스스로의 큰 발전도 기대할 수 없다. 그런 면에서 나는 프리랜서로 전향한 어떤 후배보다 전현무 씨의 성공을 더 응원할 수밖에 없다. 다소 내성적이라고 들은 바 있는 그는 앵글에 잡혔을 때 늘 그 역할이 잘 준비되고 디자인되었다고 느껴졌다. 그리고 그 역할에 인간 전현무를 내려

말할 수 있는 비밀

놓고 최선을 다한다.

"선배님, 어떻게 계단을 내려오면서 카메라를 보고 멘트를 하실 수 있죠?"

내가 진행하는 〈닥터스〉라는 프로그램을 자주 모니터하던 한 후배가 궁금하다는 듯 질문을 해왔다. 당시 〈닥터스〉는 신촌에 위치한 연세대학교 세브란스병원 응급실에서 오프닝을 찍고, 클로징은 주로 병원 뒤편 높은 계단을 내려오며 진행했었다. 남들 눈에는 평범해 보일 수 있지만, 계단을 내려오는 동작과 열 줄이 넘는 의학 용어로 이루어진 대사를 자연스럽게 섞기까지 많은 시행착오를 겪었다. 게다가 복잡한 촬영 장비에 인근을 오가는 시선들로 인해 NG를 많이 내지 않고 끝내야 하는 부담도 분명 존재했다. 그렇다 보니 촬영 장비가 설치될 때는 권투 선수가 섀도복싱shadow-boxing을 하듯 동선을 꼼꼼하게 살피고 머릿속에서 동작 하나하나를 반복해 마음으로 의학 전문가라는 역할을 연기할 준비를 마쳤다.

프레젠테이션이라고 하면 고인이 된 '스티브 잡스'를 먼저 떠올리곤 한다. 그가 프레젠테이션의 대명사가 된 것은 세상의 패러다임을 바꾼 스마트폰, '아이폰'을 발표하던 날이 아니었을까 생각한다. 그 발표를 영상을 통해 보면 잘 준비된 프레젠테이션으로, 특히 스티브 잡스의 노련미가 돋보인다. 하지만 이는 철저히 준비된 시나리오에 의해 진행된 발표였고, 스티브 잡스는 자신의 역할을 완벽하게 연기한 것이었다. 특히 그날 발표된 아이폰의 구동 시스템 IOS는 상용 직전 오류를 잡기 위해 내놓는 베타버전이었다. 만일 스티브 잡스가 준비된 시나리오대로 연기하지 않는다면, 불안정한 시스템으로 인해 전 세계의 이목이 집중된 발표회가 웃음거리로 전락할 수 있었다. 그러나 스티브 잡스와 직원들은 만일의 경우를 위해 수동으로 구동하는 방법과 서너 개의 아이폰을 함께 준비하여 혹시 하나가 작동하지 않으면 다른 아이폰을 사용할 수 있도록 사전에 대비하고 있었다.

∴ 발표하기 위해 올라선 자리는 무대이며, 그 무대 위의 발표자는 역할을 연기하는 배우다.

말할 수 있는 비밀

싸움의 기술

독서의 활용

초등학교 시절 일곱 번이나 전학한 나는 늘 왕따가 두려웠다. 사투리를 못 쓴다고 받는 차별, 운동을 여자들보다 못한다고 받는 무시⋯⋯. 아버지를 따라 경기도와 전라도 등을 오가며 기억나지도 않을 만큼의 이사를 했고, 1년도 채우지 못한 채 전학을 다녔다. 이런 경험이 지금도 혼자 식당을 가거나 혼자 차를 마시러 다니는 혼자 놀기의 근간이 되었는지도 모르겠다. 그런데 초등학교를 넘어서니 중학교에서는 왕따에 폭력이 함께 따라왔다. 힘으로야 밀리지 않았더라도, 소심했던 나는 싸우고 나서 선생님께 혼나야 하는 일이나 부모님을 실망시키는 일이 더 싫었다. 결국 싸움은 뒤를 생각하지 않을 때라야 할 수 있다는 것을 고등학교에 진학해 알게 되었다.

사람과 사람이 만나 '기'를 겨루는 면접에서의 언어 역시 그렇다.

상대에게 잘 보이기 위해 취하는 자세는 이미 싸움을 할 자세가 아니다. 면접에서 붙으면 좋겠지만, 그렇다고 자신을 다 버리고 면접관들이 원한다고 믿는 답을 내놓는 것은 결코 현명한 방법이 아니다. 장담할 순 없지만, 지금까지 수많은 면접을 치러본 입장에서 면접관의 비위를 맞추기 위한 면접이 성공한 사례를 거의 보지 못했다. 면접을 보기 전 거울을 보며 나 스스로에게 거는 주문이 하나 있는데 '배 째라'다. '어차피 떨어지면 다시는 얼굴 볼 사람들도 아니니 잘 보이려 하지 말고, 떨지 말자. 배 째라, 배 째라, 배 째라'는 식의 주문을 스스로에게 걸고 면접에 임하곤 했다.

면접 때 무엇을 말해야 할까?

"오늘 면접은 여섯 명씩 진행합니다. 호명하는 분들은 대기 좌석으로 이동해주세요."

40대 중반이 되고 나니 드는 생각은 좋은 것도 나쁜 것도 늘 몰려다닌다는 것이다. 대학 4학년, 그렇게 힘들던 이력서 통과라는 과제를 풀고 나니 면접 풍년이었다. 지원한 국내 대기업들 대부분에서 서류와 필기시험을 통과하고 면접에까지 이른 것이다. 그중 가장 먼저 면접을 보게 된 곳은 당시 학생들이 선망하던 SK 계열의 회사였는데, 다른 회사들과 다르게 중간 면접을 집단 면접 방식으로 진행

말할 수 있는 비밀

했다.

"반갑습니다. 여기 계신 분들에게 주제를 하나 드릴 텐데요, 그 주제에 대해 서로 토론하시면 됩니다. 저희는 중간 개입 없이 토론을 지켜보며 평가하도록 하겠습니다. 여러분께 드릴 주제는 '희망'입니다."

처음 보는 다섯 명의 학생들과 함께 면접을 보기 위해 들어간 방은 작은 회의실 같았다. 회의실 앞쪽의 책상 세 개를 이어 붙여 만든 자리에는 다섯 명의 평가자가 있었고, 그중 한 명이 사회를 맡아 익숙하고 빠르게 주제를 던져주었다. 거의 자리에 앉자마자 진행되다 보니 '희망'이라는 익숙한 단어라도 막막하기만 했다.

"같이 면접을 보게 되어 반갑습니다. 저는 한준호라고 합니다. 희망이라는 주제는 익숙하지만, 사람에 따라 가지고 있는 생각이 다를 것이라 생각합니다. 판도라 상자 속에 남겨진 이 희망이라는 주제에 대해 같이 이야기해보시죠. 많지 않은 시간이니 혹시 먼저 이야기해주실 수 있을까요?"

무엇인가 말은 해야 했고, 선점하고 싶다는 생각에 나도 모르게 사회를 보고 말았다. 그리고 제일 눈에 띄었던 맞은편 학생에게 질문을 던져버린 것이다. 무척 당황한 그 친구는 주저리주저리 무엇인가 말하며 나를 원망하는 눈빛이었다. 일이 그렇게 되니 모두 바빠진 듯 보였다. 순서가 처음 말한 학생의 오른쪽일지 왼쪽일지, 아니면 다시 누군가를 지목할지, 분위기는 이상하게 내게 집중되는 듯

했다.

"네, 말씀 잘 들었습니다. 혹시 다른 의견이 없으시면 한 분씩 돌아가며 이야기하는 것이 어떨까요? 오른쪽에 계신 분부터 해도 될까요?"

면접을 시작하기 전까지도 예상하지 못했지만, 한 사람씩 이야기를 끝낼 때마다 나는 그 사람의 이야기를 정리해주며 면접을 이끌어갔다. 그리고 마지막 사람의 이야기가 끝나자마자 그의 말을 받아 아서 클라크Arthur Clarke의 『유년기의 끝』이라는 작품을 인용하며 '희망'에 대한 토론을 정리했다.

"많은 분들이 말씀하시는 희망에 대해 오늘 유익한 토론을 진행했던 것 같습니다. 여러분께서도 잘 아시는 수학자이자 미래학자이며 『2001 스페이스 오디세이』라는 작품의 저자인 아서 클라크는 『유년기의 끝』이라는 작품을 통해……."

지금도 학생들을 가르치거나 특강을 진행할 때 독서의 중요성에 관해 말하며 자주 드는 예시다. 독서는 지식을 채워주는 역할로서도 중요하지만, 스피치 영역에서는 어떠한 주제에도 책의 내용을 인용할 수 있도록 하는 것이 더 중요하다. 집단 면접 당시 내가 인용했던 『유년기의 끝』이라는 작품은 '스타크래프트' 속 캐릭터와 이름이 같은 '오버로드'라는 거대 비행접시들이 지구 전역을 덮으며 시작된다. 특히 이 장면은 영화 〈인디펜던스 데이Independence Day〉에

말할 수 있는 비밀

차용되기도 했다. 처음에는 이 존재들에 대한 두려움이 컸지만, '오버로드'들로 인해 지구에서 기근과 전쟁 등이 사라지고, 평화의 시대 속에서 마지막 세대인 새로운 인류가 태어나는데, 결국 이 세대들로 인해 초래되는 인류의 마지막 모습을 한 기자가 지켜보며 겪게 되는 갈등에 대해 다루고 있다. 그렇다 보니 책이 정확하게 '희망'이라는 주제를 다루고 있지는 않았다.

이 집단 면접에 참여했던 여섯 명 중 나를 포함한 두 사람이 합격했고, 이후 최종 면접을 통해 둘 다 SK 계열사에 최종 합격했지만, 아이러니하게도 우리 두 사람은 데이콤 계열의 다른 회사 신입사원 연수에서 만나게 되었다.

✔ 독서는 지식을 채워주는 역할로서도 중요하지만, 스피치 영역에서는 어떠한 주제에도 책의 내용을 인용할 수 있도록 하는 것이 더 중요하다.

나설 용기

내 생각도 옳을 수 있다는 자신감

2013년 7월 23일, 비가 부슬부슬 내리던 날이었다. 그해 여름은 유난히 더워 당시 에어컨이 없었던 나는 그 더위를 나기가 무척 괴로웠던 기억이 난다. 더욱이 아나운서가 아닌 타 부서 생활에 어떤 날은 하루 종일 이야기할 사람이 없어 멍하니 시간만 보내다 저녁 6시가 되면 터덜터덜 집으로 돌아오기를 반복하던 시기였다.

"준호야, 오늘 약속 있니?"

아버지가 일을 나가시고 나면 홀로 남으신 어머니는 특별한 취미도 없으셔서 늘 집에 계시곤 했는데, 그 때문인지 일 없는 아들이 가끔 가서 말동무라도 해드리는 것이 그때 할 수 있었던 유일한 일이라는 생각이 들어서였을까, 누군가를 만나러 가는 길 차 안에서 전화를 받고 어머니 댁으로 방향을 돌렸다.

말할 수 있는 비밀

"딩동, 딩동."

어머니의 전화를 받고 댁에 도착한 것은 불과 20여 분 뒤였다. 그런데 그 짧은 시간 동안 어디를 가실 리도 없고, 분명 간다고 말씀을 드렸던 터라 집 안에 계실 것 같았는데, 아무리 벨을 눌러도 대답이 없었다. 그렇게 벨을 누르다 휴대전화를 집어 든 순간 집 문이 열렸다. 샤워를 막 하고 나오신 듯 얼굴과 머리카락, 입고 계신 옷에마저 물기가 묻어 보였다.

"어머니, 샤워하셨어요? 한참 벨을 눌렀는데 대답이 없으셔서요."

조금 창백해진 얼굴의 어머니가 식탁 의자에 앉으며 "내가 좀 체했는지 어지러워져서 쓰러졌지 뭐냐, 너 온다는데 문도 열어줘야 한다는 생각에 급하게 바늘 찾아서 열 손가락 사혈하고 겨우 정신 차렸다"라고 하셨다. 어머니는 젊은 시절 배우는 것을 좋아하셔서 수지침에 대한 자격증 같은 것을 가지고 계셨기에 그런 조치가 조금 안심이 되었다.

"아니 뭘 드셨기에 체하셨어요? 약이라도 사다 드릴까요?"

평소 당뇨로 이런저런 음식을 가려 드시는지라 체하셨다는 것이 조금 걱정되었다.

"내가 칼국수를 좀 해서 먹었는데, 그것 때문에 그런가 보다. 그나저나 너희 장인어른 병원비에 이것 좀 보태라."

어머니가 흰 봉투 하나를 내미셨다.

"어머니 쓰실 돈도 없으실 텐데, 이런 걸 왜요?"

"그래도 그냥 넣어둬라."

당시 장인어른은 폐암으로 투병 중이셨고, 마음 쓰여 내미시는 봉투를 마다하기가 어려웠다. 그래서 "그럼 잘 전해드릴게요" 하고는 잠시 몸을 돌려 가방 안에 봉투를 넣는데 어머니께서 탁자 위로 몸을 엎드리시는 것이 아닌가.

"어머니, 괜찮으세요?"

순간 불안한 느낌이 들었다. 자리에서 급히 일어나 어머니의 얼굴을 살피는데 어머니 입술이 보랏빛으로 변하며 '컥컥' 소리와 함께 숨이 넘어가고 있었다. 나는 정신을 차릴 수가 없었다.

'뭘 해야 하지?'

어머니께선 평소 지병이 있어 대학 병원 맞은편에 살고 계셨다. 119를 부르는 것이 빠른지 어머니를 업고 뛰는 것이 빠른지 판단이 서지 않았다. 더욱이 경황없는 그 상황에서는 어머니의 집 주소마저 생각나지 않았다. 급히 어머니를 바닥에 눕히고 심폐 소생술을 시작해봤지만, 뭔가 방법이 잘못된 것 같았고 불안감은 극에 달했다. 결국 소파에 어머니를 겨우 앉히고 힘겹게 둘러업은 채 병원을 향해 빗속을 뛰기 시작했다. 아니, 정확히는 뛰고 싶었으나 한 걸음 한 걸음이 너무 무거웠다.

"엄마, 저한테 왜 이러세요?"

어린 나이부터 어머니와 오랜 기간 떨어져 살기도 했고, 우리 나이로 스무 살밖에 차이가 나지 않았던 어머니께 일찌감치 '엄마'보

말할 수 있는 비밀

다는 '어머니'라는 호칭으로 불렀고, 늘 존대어를 사용했었다. 어려서부터 '엄마'라고 불러보고 싶었는데, 내 등에서 숨져가시는 어머니에게 이제야 용기 내 '엄마'라고 부르다니.

비 오는 거리에서는 사람들이 잘 보이지 않았다. 도와달라는 말을 하고 싶었는데, 그 급한 와중에도 그럴 용기가 생기질 않았고, 등에 누군가를 업고 빗길을 헤매는 나를 길 가던 사람들은 무슨 일인가 쳐다보는 것 같았다. 길을 건너 응급실이 보이기 시작할 무렵에야 겨우 용기가 나기 시작했다.

"도와주세요. 저희 엄마 좀 살려주세요."

2018년 7월 23일 새벽 1시 반에 눈이 떠졌다. 밤사이 꿈에 어머니께서 오랜만에 찾아오셨고, 그냥 그 사실이 마냥 반가웠다. 이제 어머니와 내 나이 차이는 열다섯 살로 좁혀졌다. 마흔다섯 살이 된 큰아들은 환갑을 맞던 해에 돌아가신 어머니의 나이에 하루하루 가까워지고 있다.

나는 그날 이후 무엇이든 잘 미루지 않는다. '내가 그때 빨리 어머니를 병원에 모시고 갔더라면, 쓰러지셨을 때 소리를 쳐서 주변의 도움을 좀 받았더라면'이라는 후회는 그저 후회일 뿐이다. 그래서인지 이제는 체면보다 실리를 더 추구하게 되는 것도 같다.

2004년 7월, '제1회 대한민국 음악 축제'가 속초에서 일주일간 열렸다. 다양한 장르의 공연이 속초 곳곳에서 열렸고, 나는 영랑호라는 곳에서 록 페스티벌을 진행하게 되었다. 데뷔 무대였다. 수천 명의 관중이 객석을 가득 채웠고, 비가 부슬부슬 내리기 시작했다. 대개의 공연은 방송 시작 전 청중과 교감해두지 못하면 좋은 반응을 끌어내기 어렵다. 하지만 당시에는 그런 정보나 경험이 전무했고, 방송 시작 전 마이크가 내 손에 쥐어졌다. 대본을 달달 외워야 한다는 강박 관념에 시달리고 있었으며, 첫 무대라 너무 떨렸다. 그래도 무대 시작 전 청중과 인사는 해야겠다는 생각에 무대 위로 올라갔다.

"안녕하세요. MBC 아나운서 한준호입니다."

역시 반응이 없었다.

"안녕하세요? MBC 신입 아나운서 한준호입니다. 제가 지금 너무 떨려요."

이 한마디에 청중이 마치 '우쭈쭈' 해주는 느낌으로 격려의 박수를 보내줬다.

"여러분은 저 한 사람의 시선을 느끼시면 되지만, 저는 오늘 여기 오신 수천 분께서 보고 계셔서 많이 긴장되는데요, 제가 좀 실수를 하더라도 격려 박수 많이 부탁드립니다."

내가 내민 작은 용기의 손을 관객들은 저버리지 않았고, 그날 공연은 나름대로 성공을 거두었다.

2011년 개봉했던 영화 〈소울 서퍼Soul Surfer〉는 상어에게 공격을

말할 수 있는 비밀

당해 한쪽 팔을 잃은 여성 서퍼 베서니 해밀턴Bethany Hamilton이 다시 서퍼로 일어서기까지의 이야기를 담은 작품으로, 2004년에 출간된 그녀의 자서전 『소울 서퍼』를 영화화한 감동 실화다.

바닷가에서 자라며 서핑을 즐기던 베서니는 열세 살에 상어에게 물려 한쪽 팔을 잃게 된다. 상처가 아물어가며 다시 서핑에 도전하지만, 그녀는 늘 장애라는 한계에 부딪힌다. 그러던 중 해일에 휩쓸린 태국의 현장으로 봉사 활동을 다녀오고 자신보다 어려운 사람들을 보살피며 얻은 깨달음으로 그녀는 남들의 이목이나 신체적 한계에 굴하지 않고 자신의 목표를 찾아간다. 영화 〈찰리와 초콜릿 공장Charlie and the Chocolate Factory〉에서 껌 씹던 소녀 애나소피아 로브AnnaSophia Robb가 베서니 역을 맡았는데, 높은 싱크로율로 몰입감이 좋았던 영화다. 베서니는 이런 경험을 담은 자신의 자서전에서 포기하려던 삶을 극복하며 얻은 '용기'가 무엇인지에 대해 다음과 같이 기록하고 있다.

용기가 있다는 것은 겁을 먹지 않는다는 뜻이 아니다.
용기는 두려움이 당신을 막도록 내버려두지 않는 것이다.

혼자가 아닌 여러 사람들과 있을 때 내 생각을 전달하는 데는 분명 '용기'가 필요하다. 사랑을 고백할 때도, 싸운 친구와 화해를 할 때도, 수업 중 손을 들고 발표를 할 때도, 취업을 위해 면접을 볼 때도 우리에겐 용기라는 것이 필요하다. 용기勇氣란 한자 그대로 '겁내지 않는 기개'이며, 베서니가 이야기한 '두려움을 이겨내는 힘'이다. 스피치 수업을 하며 학생들이 가장 힘들어하는 부분도 바로 '나설 용기'였다.

생각해보면 이러한 용기는 우리가 살아가야 하는 사회라는 환경 때문에 필요한 것이 아닌가 싶다. 철학자 한병철 교수는 『피로사회』라는 책에서 타인으로 인해 자아가 지워지는 현상에 대해 잘 설명했다. 내 삶 속에서 타인의 비중이 점점 커져 오히려 그 속에 내 존재가 들어갈 틈은 없어져 버린 '피로사회'. 사회에서 설정한 '~을 해야 한다'는 당위성에 갇혀 내가 생각하는 것이 옳은지에 대한 판단을 오롯이 그 당위성에 맡긴 채 살아버리기 때문에 자신의 판단과 생각을 드러내는 데 '용기'가 필요하게 된 것이 아닐까.

∴ 남 앞에서 자신의 생각을 펼치는 것은 내 생각도 옳을 수 있다는 '용기'에서 기인한다.

말할 수 있는 비밀

붉은 여왕의 조언

거울나라의 앨리스와 붉은 여왕의 법칙

2004년 봄, 아나운서국 신입 사원 OJT가 막 두 달로 접어들고 있었다. 도대체 '입봉'이라고 하는 첫 프로그램에 관한 이야기는 없었고, 매일매일 계속되는 읽기 연습과 모니터링, 선배들의 수업만이 하루의 일과였다. 물론 가끔 저녁에 술을 한잔하자는 선배들도 있었지만, 신입 사원 연수 기간에는 선배들이라고 해도 허락 없이 신입 사원을 불러낼 수 없었던 규정 때문에 그마저도 드문 일이었다.

그렇게 무료함이 지속되던 어느 날, 우리가 바짝 긴장할 수밖에 없는 하루가 시작되었다. 말로만 듣던 손석희 선배의 수업 시간이 된 것이다. 무섭다더라, 누구는 수업을 받다 울며 뛰쳐나갔다더라 하는 항간의 소문에 이미 겁을 좀 먹은 상태였고, 몇 개월 전만 해도 길 건너 회사 직원이었던 내게는 그 이름만으로도 유명인이었던 분과 지적 간에서 대화를 나누는 것이라 겁과는 다른 떨림마저 더해졌다. 이미 한 달여의 수업이 진행된 후였기에 기본적인 것들에 대해서는 숙지가 되었다고 해도 아직 뉴스가 무엇인지, 나는 무엇을 하고 싶은지, 어떤 장르가 내게 맞는지 온통 의문투성이였다.

그렇게 손석희 선배와 첫 대면을 하게 되었다. 좁다란 방의 창가 쪽에 자리를 잡고 앉은 선배는 간단하게 질문을 던졌다.

"뉴스 리딩은 다른 사람들이 가르칠 테고, 내 수업은 인터뷰니까…… 너희 둘, 인터뷰가 뭐야?"

솔직히 그렇게 두서없고 갑작스러운 질문이 있을까. 동기와 둘이서 동문서답을 하자 선배의 답변이 이어졌다.

"인터뷰는 묻는 게 아니고 듣는 거야. 들으려고 그 사람에 대해 조사하는 것이고. 다만 질문을 하고 듣는데 궁금한 것이 있으면 그냥 넘어가지 말고, 준비된 것을 다 버리더라도 꼼꼼하게 짚고 넘어가야 해. 이게 내 수업의 전부야. 자! 이제, 인터뷰란 뭐라고?"

"네, 묻는 게 아니고 듣는 것입니다."

그러자 선배는 웃으며 "잘 배웠네. 그리고 어떤 프로그램을 맡든 죽을 듯이 열심히 해. 매일 열심히 해야 살아남아"라는 말을 남기고 짧은 수업을 마쳤다. 내가 대한민국 최고의 앵커인 손석희 선배에게 배운 것은 '인터뷰란 묻는 것이 아닌 듣는 것'이라는 점과 '무엇이든 죽을 듯 최선을 다하라'는 것이었다.

말할 수 있는 비밀

2018년 4월, 서울시장 경선이 한창일 때 내가 대변인으로 참여하고 있던 캠프의 후보 의원과 함께 더불어민주당 서울시장 경선 후보들의 토론회를 위해 손석희 선배가 보도 부문 사장으로 있는 JTBC를 방문했다. 그날 토론회의 사회는 〈정치부 회의〉라는 프로그램 진행자인 이상복 기자가 맡았기에 손 선배를 직접 만나지는 못할 것이라 생각했다. 사실 대변인으로서 토론회를 준비하며 생긴 긴장감보다 회사를 나와 이렇게 정치판에 서게 된 모습을 보이고 싶지 않은 생각에 혹시나 만나게 될까 싶어 생긴 긴장감이 더했다.

　　"아이고, 잘 계셨습니까?"

　　분장실에서 잠시 한눈을 팔던 사이 W 의원의 목소리에 뒤를 돌아보았다.

　　"예, 잘 계셨지요?"

　　손석희 선배였다. 그러고는 갑자기 나와 눈이 마주치자 "네가 여기 왜 있지?"라고 묻는 것이 아닌가. 순간 식은땀이 흘렀다. 뭔가를 들킨 느낌이랄까.

　　"아, 저희 캠프 대변인으로 영입했습니다."

　　W 의원의 대답이 앞서 답변할 기회도 없었지만, 솔직히 어떤 대답도 하고 싶지는 않았다. 토론회를 잘 마치고 캠프로 돌아가는 길에 15년 전 선배에게 들었던 말이 떠올랐다.

　　"죽을 듯이 열심히 해."

어떻게 해야 청중의 마음을 움직일 수 있을까?

"계속 뛰는데 왜 나무에서 벗어나지 못하나요?"

앨리스가 헐떡거리며 뛰고 있는 붉은 여왕에게 묻는다.

"여기선 힘껏 달려봐야 제자리야. 나무에서 벗어나려면 지금보다
두 배는 더 빨리 뛰어야 해."

영국의 수학자이자 동화 작가인 루이스 캐럴Lewis Carrol의 소
설보다 요즘엔 영화로 더 잘 알려진 〈이상한 나라의 앨리스Alice in
Wonderland〉의 속편 〈거울나라의 앨리스Alice Through the Looking Glass〉
의 내용이다. 붉은 여왕과 앨리스가 숲속을 뛸 때 이렇게 열심히 뛰
는데도 왜 숲을 벗어나지 못하냐는 앨리스를 향해 붉은 여왕은 이
숲은 함께 뛰기 때문에 이 나무숲을 벗어나려면 지금보다 두 배는
빨리 뛰어야 한다고 이야기한다.

최근 〈도깨비〉, 〈시그널〉, 〈미스터 션샤인〉 등 연달아 히트 드라
마를 내놓고 있는 '스튜디오드래곤'이라는 회사가 있다. 2016년까지
만 해도 CJ E&M의 사업 본부에 지나지 않았던 이곳은 현재 코스
닥 시장 시가 총액 8위(약 2조 8천억 원)에 달하는 회사로 성장했다.
이에 반해 지상파 드라마는 손익 분기점을 넘기도 어려워진 데다
시청률마저 '스튜디오드래곤'에서 제작되는 드라마를 쫓아가지 못

하는 경우가 많다. 시청 환경과 유형이라는 숲은 계속 변화하는데, 제작 환경과 방법을 고전적으로 유지하며 환경에 맞는 속도를 못 내다 보니 벌어지는 현상이다.

이런 현상은 아나운서 조직에서도 곧잘 보이는데, 바로 뉴스 읽기에도 트렌드가 존재한다는 사실이다. 선배 아나운서들과 후배들의 낭독 방법이 끊어 읽기나 억양 면에서 현격한 차이를 보인다. 선배들의 방식이 주어를 명확히 하기 위해 끊어주고 어미를 낮추는 공식을 갖고 있다면, 후배들은 '전달'에 더 중점을 두며 자연스러운 낭독으로 자신만의 개성을 표현한다. 언어는 습관이라 한번 몸에 배면 쉽게 고치기 어렵다. 이런 어려움은 아나운서들이라도 피해 갈 수 없다. 특히 표준어와 사람들의 억양이 세월이 지남에 따라 지속적으로 변화하고 있기 때문에 이에 대한 고민 없이 방송을 하게 되면 한계가 쉽게 드러난다.

2004년 중국의 연변 자치주에 방문했을 때다. 〈우리말 나들이〉 북한말 편을 녹화하기 위해 찾은 그곳에서 재미있는 현상이 목격되었는데, 젊은 층과 중장년층의 말투가 다르다는 것이었다. 중장년층의 말투가 대체로 평양의 보통어(문화어)에 바탕을 두고 있는 반면, 젊은 층은 서울말을 쓰고 있었다. 당시 연변대학교 조선어학과 교수와의 만남에서 이러한 변화에 대해 예의 주시하고 있다는 말을 듣기도 했다.

이렇게 제자리에 멈춰 있으면 자신도 모르게 뒤쪽으로 도태되어 버리고, 그 자리에 멈춰 있기 위해서 끊임없이 달려야 하는 기묘한 법칙이 곳곳에 존재한다. 이 법칙은 주변의 물체가 움직이면 주변의 세계도 같이 연동하여 움직이기 때문에, 앞으로 나아가기 위해서는 '죽어라 달릴 수밖에 없는 상황'을 이야기하고 있다. 이를 시카고대학교 진화학자 밴 베일런 Van Valen은 '붉은 여왕 효과Red Queen Effect'라고 이름 짓기도 했는데, 이는 오직 현 상태를 유지하기 위해 '죽을 힘을 다하는 것'을 일컫는다.

"어떻게 하면 좋은 연설을 할 수 있을까요?"라는 질문의 대답으로, '전달'하려는 마음가짐, 연설을 디자인하는 법, 나설 용기에 관해 이야기했고, 앞서 방법론적으로는 복식호흡, 시선 처리, 손 처리, 발성에 관해 설명했다. 하지만 그 근본에 바꾸고자 하는 '마음'이 있어야 하며, 이를 실행하는 단계에서 행하는 '최선'이 담보되어야 한다고 말하고 싶다. 스피치에 무슨 최선이 있을까 싶겠지만, 다루는 주제와 청중은 늘 변화한다는 것을 알아야 한다. 스피치 강사나 강사 초청을 많이 받는 분들도 한 해가 지나고 나면 소재가 고갈되고 청중은 변화하기 때문에 긴장한다. 이번 연설이 좋았다고 해서 다음 연설을 같은 방식으로 소화하려고 하면 항상 위기를 맞는다. 그러므로 청중의 마음을 움직이는 스피치를 하기 위해서는 평소 '지식'과 '경험'에 소홀해서는 안 된다.

말할 수 있는 비밀

똑같은 하루가 반복되는 타임 루프time loop를 주제로 다룬 많은 영화 중 2017년 개봉한 〈해피 데스 데이Happy Death Day〉는 매일 방탕한 생활을 하던 주인공이 생일 당일 살인마에게 쫓기는데, 그 하루가 계속 반복되는 공포 영화라는 점에서 긍정적인 메시지를 주지는 못할 것 같지만, 여기서 전하는 메시지는 오히려 '지금에 최선을 다하라'다. 그리고 영화의 마지막 장면에서 키스하는 주인공의 방문이 닫힌 뒤 등장하는 방문에 붙은 스티커에는 다음과 같은 글이 적혀 있다.

"오늘은 당신의 남은 인생 첫날이다Today is the first day of the rest of your life."

∴ 청중은 늘 변화한다.
∴ 청중의 마음을 움직이는 스피치를 하려면, 평소 '지식'과 '경험'에 소홀해서는 안 된다.

경청의 에너지, E=mc^2

상대에 대한 호기심

우리나라에서는 일명 '케 서방'이라고 불리던 영화배우 니콜라스 케이지Nicolas Cage가 〈내셔널 트레져National Treasure〉라는 영화의 홍보를 위해 한국에 방문했던 2004년 초겨울 무렵이었다. 나는 그의 언론사와의 공식 인터뷰와 레드 카펫 행사로 구성된 패키지 인터뷰를 맡게 되었다. 공식 인터뷰는 당시 문을 연 지 얼마 안 된 W 호텔에서, 레드 카펫 행사는 그 역시 새로 생긴 지 얼마 안 된 용산 CGV에서 각각 진행되었는데, 신입 사원으로 연예 중계 프로그램의 리포터를 하고 있었던 나는 할리우드 스타를 만난다는 생각에 아침부터 심장이 뛰기 시작했다.

오후 2시쯤 호텔에서 마련한 인터뷰실 밖으로 여러 연예 프로그램 리포터들이 줄을 서서 자신의 순서를 기다리고 있었다. 내 순서

말할 수 있는 비밀

는 가장 마지막이었다. 생각보다 큰 체격의 그는 푹신한 의자에 깊숙하게 앉아 지긋이 나를 쳐다보았다. 내가 앉으며 손을 내밀자 "멋진 옷이네요! 한국은 처음인데, 한국인들의 옷차림에 놀랐습니다"라며 화면 속에서 보던 웃음을 보여주는 것이 아닌가. 나는 뉴스를 막 마친 뒤라서 입고 있던 정장 차림 그대로였다. 그날의 언론 관심사는 얼마 전 그와 결혼한 한국인 아내가 같이 왔는가였는데, 만약 같이 왔다면 그날 저녁 레드 카펫 행사에 함께 나타날 수도 있다는 믿을 수 없는 제보만 들어와 있는 상태였고, 공식 인터뷰에서는 아내에 대한 질문을 자제해달라는 요청이 있었다.

"저는 한국 3대 방송사 중 하나인 MBC에서 주말 뉴스 앵커를 맡고 있는 한준호입니다. 저도 결혼한 지 얼마 되지 않았는데, 제 아내가 당신 영화라면 빼놓지 않고 보는 열혈 팬입니다"라고 인사를 하자 그의 태도가 바뀌었다. "저도 당신의 뉴스를 본 것 같네요. 오늘 아침 뉴스를 하지 않았나요? 제 아내도 당신의 팬입니다"라며 자연스레 아내의 이야기로 인터뷰가 넘어갔다. 그의 아내가 내 팬이라는 말을 믿진 않았지만, 내 아내가 그의 팬이라는 것과 내가 그의 영화를 열광적으로 찾아봐 그의 필모그래피를 너무나 잘 알고 있었던 것은 사실이었다.

"당신 이름을 마블 영웅, 루크 케이지Luke Cage에서 따왔다는 이야기를 들었는데, 맞나요?"

순간 그의 얼굴이 밝아지더니 해맑게 웃기 시작했다.

"어디서 그런 이야기를 들었습니까?"

우리의 대화 주제는 〈내셔널 트레져〉라는 영화가 아닌 '니콜라스 케이지'가 되어가고 있었다. 나는 인터뷰에 대해 배워온 대로 내가 질문하려고 준비한 것을 버리고, 그의 이야기에 관심을 가지며 그가 가진 배우관에 대해 더 많은 이야기를 나눴다.

"인터뷰에 응해주셔서 대단히 고맙습니다."

그와 마지막 인사를 나누고 나와 스태프들과 엘리베이터 앞에서 있을 때였다.

"우리 같이 사진 찍을 수 있을까요?"

니콜라스 케이지가 스태프 몇 명과 나를 뒤따라 나왔다. 순간 스태프들의 "오~" 하는 소리가 들렸고, 우리는 니콜라스 케이지 측 스태프가 들고 있던 일회용 카메라로 함께 사진을 찍었다.

"명함 주시면 제가 사진을 보내드리지요."

당시만 해도 스마트폰으로 사진을 찍는 것은 상상도 할 수 없었던 시절이었다. 인화된 사진으로밖에 받아볼 수 없었기에 명함을 주고받은 뒤 차량으로 이동했다.

"한준호, 오늘 무슨 일 날 것 같은데?"

차량에 오르자 PD 선배가 고무된 표정으로 나를 바라봤다.

저녁이 되자 새로 생긴 용산 CGV의 야외 계단에 레드 카펫이 길게 깔렸고, 계단 옆 포토 라인에서는 언론사들이 모여 자리다툼

말할 수 있는 비밀

을 벌이고 있었다.

"오늘 아내랑 같이 온 거야, 안 온 거야?"

요즘 같이 소셜 미디어가 발달해 있었다면 정보를 얻는 것이 좀 쉬웠을 텐데, 그 시절만 해도 전화가 유일한 정보 전달 수단이었기에 거기 모인 언론사 취재원들의 신경이 바짝 곤두서 있었다. 드디어 〈내셔널 트레져〉 주인공들이 한 명씩 레드 카펫에 오르기 시작했다. 첫 할리우드 배우 취재라 한 명 한 명이 신기했지만, 조금 형식적인 인터뷰가 이어졌고, 마음속으로 니콜라스 케이지의 등장만을 기다렸다. 그때 갑자기 계단 밑에서 웅성거림이 일었고, 그가 등장했다. 그것도 검은색 드레스를 입은 그의 한국계 아내 '엘리스 케이지'와 함께. 그런데 PD 선배가 이야기한 것처럼 무슨 일이 일어나려고 했다. 니콜라스 케이지가 아내와 함께 손을 흔들면서도 어떠한 매체와도 인터뷰하지 않은 채 두리번거리며 계단을 올라오고 있는 것이 아닌가. 나는 순간 입고 있던 코트를 벗고, 그와 인터뷰를 했던 정장에 빨간색 넥타이를 드러나게 한 채 몸을 포토 라인 밖으로 조금 내밀며 손을 흔들었다. 그러자 아내와 귓속말을 주고받던 그는 다른 언론사를 지나 내 앞으로 아내와 함께 다가와 내게 손을 내밀었다.

"다시 만나서 반가워요, 미스터 한."

그가 내게 독점권을 준 것이다. 뒤에서 카메라맨 선배의 "우와!~" 하는 소리가 들렸다. 그날 레드 카펫 인터뷰 영상은 MBC 독점으로, 타사에서는 우리의 인터뷰 자료를 가져가 사용했다.

생각해보니, 내가 그에게 좋은 인상을 줬던 것은 그가 이야기한 것처럼 좋은 의상 때문이 아니었다. 형식적인 인터뷰를 버리고, 그의 이야기에 귀를 기울였기 때문이었다. 최근 그가 한국계 아내와 헤어졌고, 큰 씀씀이로 인해 어려움을 겪으며 생각지도 못한 이상한 영화에 출연해 자신의 필모그래피를 망가뜨리는 것을 보고 있자면 마음이 아프지만, 당시 대스타였던 그와의 만남을 통해 신입사원 연수 시절 배웠던 '인터뷰란 듣는 것'이라는 말을 가슴 깊이 새겼던 기억이 난다.

성공의 80퍼센트는
상대의 이야기를 잘 듣는 데서 왔다.

이 글을 쓰고 있는 오늘, 8월 11일은 강철왕 앤드루 카네기Andrew Carnegie가 1919년 그의 자택에서 조용히 눈을 감은 날이다. 그는 미국 석유왕 록펠러Rockefeller와 함께 대표적 흙수저 출신의 기업가다. 가난한 직조공의 아들로 태어난 카네기는 초등학교를 졸업하자마자 열세 살에 가족과 함께 고국인 스코틀랜드를 떠나 미국 펜실베이니아로 이민한다. 이후 학업이 아닌 면직물 공장 노동자, 전보 배달원, 전신 기사 등의 직업을 전전하다 어느 날 펜실베이니아 철도 회사 피츠버그 지부장이었던 토마스 스콧이라는 사람의 눈에 들며 인생의 전환기를 맞는다. 그렇게 들어간 철도 회사 근무 시절, 침대차 회사에 투자한 일이 큰 이익으로 돌아오면서 그 자본을 바탕으로 카네기 철강 회사를 설립했고, 이후 모건Morgan계 제강 회사와 합병하며 미국 철강 시장의 65퍼센트를 차지하는 '유에스 스틸US Steel'이라는 회사를 설립한다. 하지만 무엇보다 그가 지금까지 존경받는 이유는 자신의 부를 사회를 위해 사용했기 때문이다. 그는 재산 4분의 3을 사회에 환원했고, 미국과 영국에 2500여 개의 도서관을 건립했다. 또한 1891년에는 세계적 공연장인 카네기홀을 개관하고, 1900년에는 카네기멜론대학교의 전신인 카네기공과대학을 설립하는 등 노블레스 오블리주Noblesse Oblige를 실천한 대표적인 기업가였다. 그는 인생을 통해 세상 사람 누구나 부러워하는 성공에 이르렀는데, 인생 성공의 80퍼센트는 상대의 이야기를 잘 듣는 데서 왔다고 말했다.

자신보다 우수한 사람을 곁에 모을 줄 알았던 사람,
여기 잠들다.

—앤드루 카네기 묘비명

카네기의 성공 비결인 '상대의 이야기를 잘 듣는 것'을 우리는 '경청'이라고 부른다. '경청'에는 두 가지의 한자어가 존재하는데, 하나는 '공경 경敬, 들을 청聽'이다. 이는 남의 말을 공경하는 태도로 듣는 것을 의미한다. 더불어 우리가 잘 알고 있는 경청의 한자인 '기울 경傾, 들을 청聽'은 영어로 표현하자면 'listening closely'로 주의를 기울여 열심히 듣는 것을 의미한다. 특히 의사소통에서의 경청은 상대의 말을 듣는 것에 국한되지 않고, 상대방이 전달하고자 하는 말의 내용은 물론이며 그 내면에 깔려 있는 동기나 정서에도 귀를 기울이고, 이해한 것을 상대에게 피드백해주는 것까지 범위를 확장한다. 즉 의사소통에서의 경청은 '소통할 소疏, 통할 통通'인 '소통'이라 할 수 있다.

1905년, 어느 쾌청한 봄날 아침이었다. 한 남자가 잠에서 깨어난 지 얼마 안 된 모습으로 무척 흥분한 듯 주변을 어슬렁거리고 있었다. 그러고는 책상에 앉아 대여섯 주 만에 38장으로 이루어진 얇은 논문 초안 하나를 완성했고, 이 논문은 몇 주 후 3장으로 구성된 보충 논문과 함께 그동안 알고 있던 우주에 대한 사람들의 견해를 송두리째 바꾸어놓는다.

'E=mc²'라는 공식을 내놓은 알베르트 아인슈타인Albert Einstein의 이야기다. 그는 독일 태생의 유태인으로 가족을 따라 이탈리아에서 살았으며, 스위스에서 학업을 마쳤고, 베른 특허청에서 공무원으로 생활했다. 이론보다 실증을 중시하던 당시 과학계의 풍토를 깨고, 스스로 "내 인생에서 가장 운 좋은 착상"이라고 표현한 것처럼 아인슈타인은 불현듯 떠오른 아이디어로 시작한 논문 하나를 통해서 세상을 바꾸어놓았다. 그의 핵심 주장은 에너지는 질량이라는 것이었다.

상대성 이론과 시공간에 대한 이론을 통해 역사에 '천재'의 대명사로 기록된 아인슈타인은 부스스한 머리와 그가 보인 괴이한 행동마저 천재의 집중력으로 비치도록 만들었지만, 브랜드화된 그의 이미지 뒷면에는 우리가 인지하지 못한 다른 모습이 하나 존재했다. 바로 그의 엄청난 인맥이다. 아인슈타인의 인맥을 잠시 나열해보면, 벨기에 여왕, 미국 대통령, 인도의 시인 타고르Tagore, 찰리 채플린, 독일의 정신분석학자 지그문트 프로이트Sigmund Freud, 이스라엘 대통령 등이 있다. 한 일화에 의하면, 유태계 과학자로서 제1차 세계대전 당시 영국군이 폭탄에 쓰는 아세톤을 대량 생산할 수 있는 비법을 알아내 전쟁에서 큰 공을 세운 하임 바이츠만Chaim Weizmann 이스라엘 대통령은 1952년 아인슈타인을 차기 대통령으로 추대하기도 했다. 과연 어떻게 매일 연구에 몰두했을 것 같은 그에게 이런 인맥이 만들어졌을까 하는 의문이 드는데, 그건 바로 아인슈타인이 가지고 있는 '경청'의 힘 덕분이었다. 아인슈타인의 호기심은 그가 늘 사람들과의 대화에서 잘 듣고 적절한 피드백을 주게 했으니, 누가 대화를 통해 그와 선뜻 친해지지 않을 수 있었겠는가.

단 한 번도 실수하지 않은 사람은 결코 새로운 일을 시도하지 않는다. 질문을 멈추지 않는 것이 가장 중요하다. 호기심은 그 나름의 존재 이유가 있다.

-알베르트 아인슈타인

그를 물리학의 거장으로 만들어준 "질량이 속도의 터널을 지나면 거대한 에너지로 전환된다"라는 'E=mc^2'를, 호기심을 경청으로 풀어냈던 아인슈타인의 행보를 통해 소통의 공식으로 다시 해석해보려 한다.

'경청의 Energy = mention × caution^2'

∴ 경청은 상대방이 전달하고자 하는 말의 내용과 함께 그 내면에 깔려 있는 동기나 정서에도 귀를 기울이고, 이해한 것을 상대에게 피드백해주는 것까지 범위를 확장한다.

말할 수 있는 비밀

ⓒ 한준호, 2018

초판 1쇄 발행일 | 2018년 12월 14일
초판 2쇄 발행일 | 2020년 1월 6일
지은이 | 한준호
펴낸이 | 사태희
편집인 | 김정래
디자인 | 박소희
마케팅 | 박선정
제작인 | 이승욱, 이대성
펴낸곳 | (주)특별한서재
출판등록 | 제2018-000085호
주 소 | 04037 서울시 마포구 양화로 59, 화승리버스텔 703호
전 화 | 02-3273-7878
팩 스 | 0505-832-0042
e-mail | specialbooks@naver.com
ISBN | 979-11-88912-31-5 (03300)

이 도서의 국립중앙도서관 출판예정도서목록(CIP)은 서지정보유통지원시스템
홈페이지(http://seoji.nl.go.kr)와 국가자료공동목록시스템(http://www.nl.go.kr/kolisnet)에서
이용하실 수 있습니다. (CIP제어번호: CIP2018037617)